認識鄭南榕

看見《自由時代》總編輯的十一個面向

鄭南榕基金會　主編

編採信念

一、公正無私無偏見，捍衛言論自由，藉以促進國家民主，確保世界和平。

二、以正義人道之名，致力全民福利，打擊罪惡、暴力及腐敗。

三、公平迅速地報導事實、編輯評論保持開明與公正。

四、永遠抱持容忍態度，保持責任感與自尊心並維持活力與清新。

鄭南榕自由時代雜誌社所用名片。（鄭南榕基金會提供）

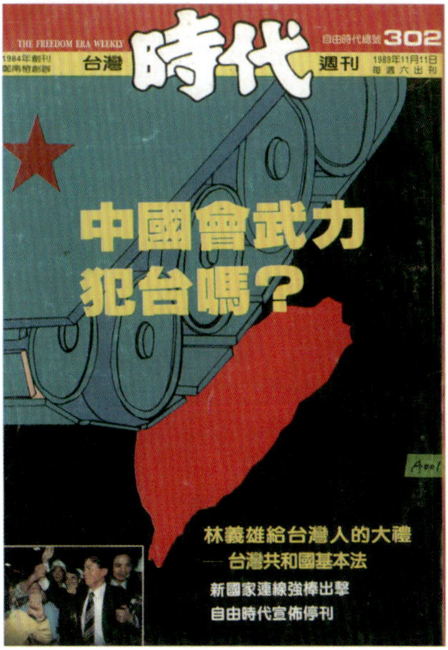

1	2
3	4

《自由時代》封面（鄭南榕基金會提供）

1. 創刊號封面（一九八四年三月十二日）。
2. 第 272 期封面　鄭南榕紀念專輯（一九八九年四月十六日）。
3. 第 280 期封面　中國血腥統治，台灣必須獨立（一九八九年六月十日）。
4. 第 302 期封面　宣布停刊：中國會武力犯台嗎？（一九八九年十一月十一日）。

一九八九年鄭南榕自囚於自由時代雜誌社。（張芳聞攝影）

獨立，是台灣的唯一活路。

鄭南榕談台灣新憲法「涉嫌叛亂」案

他不是那光，乃是要爲光做見證。那光是眞光，照亮一切世上的人。

——聖經約翰福音一：8-9

鄭南榕，一個用具體行動實踐政治信念的新聞工作者，一個企圖打破國民黨統治神話，以建構獨立、民主台灣藍圖的政治運動者，再度面對「宿命」的沈沈黑牢。爲什麼主張台灣獨立？爲什麼刊登許世楷的台灣新憲法草案？爲什麼獨立是唯一的活路？台獨能否成功？台獨與民主有什麼關係？如何處理「涉嫌叛亂」的命運？在這篇長文中，讀者可得完整清楚的答案。

■本社

國民黨只抓得到我的屍體

問：這次國民黨以「涉嫌叛亂罪」欲將你逮捕入獄，你有何感想？

答：這是很明顯的政治迫害，我所主張的都是非暴力的方式，非暴力的政治意見。如果因爲這樣，國民黨就要以「叛亂」的大帽子壓在我頭上，我只好對這種「亂扣帽子」有所不受。

言論自由是民主政治的基石，本人刊登憲法草案於雜誌上，讓台灣人民做個參考，竟被指爲涉嫌叛亂，這正顯示台灣統治者的獨裁心態。

問：你爲什麼不出庭應訊？

答：在民主國家中，「叛亂」的定義非常嚴格。高檢處以「涉嫌叛亂」傳訊我，不僅對我是極大的迫害，也顯示出公權力的濫用。所以，我認爲有必要抵抗，讓台灣人民了解那是國民黨濫用公權力迫害政治異議份子，人民有權抵抗。

問：如果國民黨派人來強行拘提你呢？

答：那他們必須先了解一點，他們抓不到我的人，只能抓到我的屍體。

問：爲什麼你要採取這種激烈的抗爭方式？

答：這是最平和的抗爭方式。這種平和的抵抗方式，不僅台灣人民支持我，而且世界輿論也支持我。因爲這是國民黨利用制度性的暴力迫害人類的言論自由。所以，我秉持一貫追求言論自由的精神，一

‧任何政治迫害，也抵擋不了台灣人民追求獨立的潮流

定要行使抵抗權，抗爭到底。

問：爲什麼選擇雜誌社做爲抗爭的處所？

答：我們雜誌是反對派雜誌中，持續不斷發行最久的雜誌。五年來，不僅爲台灣人民爭取最大的言論自由，也爲台灣的言論自由拓展了前所未有的空間。所以，我在雜誌社行使抵抗權，正好表達我繼續爭取言論自由的決心。

拋磚引玉，刊登新憲法草案

問：你刊登許世楷「台灣共和國憲法草案」的動機是什麼？

答：曾經有人問我說，你們除了喊喊台獨口號，還能做些什麼？現在我刊登這篇憲法草案，就是要證明主張台獨人士不只是光喊口號而已，身爲一個負責任的台獨主張人士，有責任提供各種相關的台獨資訊與主張，供人民參考和判斷。刊登憲法草案，只是一種拋磚引玉的作法。

問：刊登的時候，有沒有想到國民黨會藉機羅織罪名？

答：言論自由是一種最基本的自由，民主國家的人民有主張各種意見、發表各種言論的權利。況且追求百分之百的言論自由是本刊的基本精神，因此，刊登「台灣共和國憲法草案」，只是追求新聞自由、言論自由的一環，我不在乎國民黨以任何罪名迫害。

問：你是如何與許世楷認識的？

答：一九八七年許世楷接任台獨聯盟世界本部主席之後，我們雜誌社曾以越洋電話訪問他，這是我們的第一次「接觸」。一九八八年七月，我到日本拜訪他，想蒐集資料爲他寫一篇傳記。在他家裡相談甚歡，當然我們彼此最感興趣的話題還是台灣獨立。

問：當時你們對台灣獨立的看法是否一致？

答：當時，我們關於如何達成台灣獨立的方法問題，看法並不一致。我認爲達成台灣獨立的目標，採取非暴力的手段比較好，因爲台灣目前的情形已經不適合採取武裝革命；許世楷則主張以武裝革命方式達成台灣獨立。不過最近他的看法已有改變，不再主張使用暴力手段，這是相當重要的改變，我們在二六二期刊登一篇他的文章，他已針對這項改變作了說明。

台獨聯盟、新潮流與自由時代

問：台獨聯盟、新潮流、自由時代所主張的理念基本上相通，請你解釋一下他們所扮演的角色如何不一樣？

答：台獨聯盟成員比起新潮流、自由時代，算是老一輩，他們都是台灣的菁英知識份子，因爲唾棄台灣的獨裁政權，所以在出國留學後組織台獨聯盟，對抗國民黨政權，而回不了家園。 ←

・台灣獨立的主張不再被視為洪水猛獸

到了我們這一代，作法跟觀念都比較實際，像邱義仁留學數年還是決心回國，在島內跟國民黨政權抗爭。

新潮流的作法是，經由組織群衆來推動理念；自由時代週刊社則堅持爭取言論自由的權利。本社是最早批評蔣家政權和揭發國防「機密」的新聞媒體，這在民主國家本是很稀鬆平常的事，但在台灣，這麼鍥而不捨的報導眞相，不僅媒體負責人有被「江南」的可能，而且雜誌必然會被查禁。雖然一直對我們造成很大的威脅，但本社爲爭取台灣人的尊嚴、自由而無所畏懼，已在查禁戰火下凜然走過五個年頭。這是自由時代與新潮流所扮演的角色不一樣的地方。

問：三者在獨立方法上有何不同？

答：台獨聯盟以前主張以武裝暴力推翻獨裁政權，達成台灣獨立；新潮流及自由時代則主張採取非暴力手段來爭取新國家的成立、台灣民主的落實。南韓、菲律賓的人民運動，都是我們借鏡的對象。目前台獨聯盟也漸漸傾向採取和平方法，完成台灣獨立的目標。

問：國民黨說台獨聯盟是叛亂組織，認爲你有爲其宣傳之嫌，你認爲台獨聯盟是叛亂組織嗎？

答：在文明國家，叛亂的要件應是使用武裝暴力，我認爲目前台獨聯盟並沒有這種行動。而且台獨聯盟實際上只是一群台灣知識份子的菁英，因關心台灣本土政治所組成的一個書生團體，並不是什麼叛亂團體。

國民黨有意抹黑這些政治異己，所以台灣人民在台灣只能看到將海外台獨人士描述成「青面獠牙」的不實報導。所以，我們有義務將他們眞實的情況報導給讀者了解。

外省人主張台灣獨立？

問：跡象顯示，國民黨刻意強調你跟台獨聯盟有所掛勾，你是不是聯盟成員？

答：我並非聯盟成員，正如我不是民進黨員一樣，我一向堅持身爲雜誌負責人，不能參加任何政治團體的原則，因爲那會影響媒體的客觀性。像中國時報、聯合報的老闆從前擔任國民黨中常委，現在轉任中評委，因此在中壢事件、美麗島事件發生後，刻意醜化黨外人士，爲國民黨「喉舌」，不能保持客觀。甚至在民進黨成立之後，大部份新聞媒體竟以「×進黨」來報導，這就是媒體無法保持超然立場所致。

問：如果台獨聯盟邀請你加入他們的組織，你會不會考慮參加？

答：目前我一定會加以拒絕，因爲我是一個媒體負責人。如果有一天我不再主持雜誌社，我才會考慮加入民進黨、台獨聯盟或其他政治性黨派。

問：你的父親是日據時代過來台灣的

・站出來，講大家想而不敢講的話！

大陸人，而你是在台灣出生長大的孩子，根據國民黨政府身份證上的籍貫劃分法，你算外省人，以你的外省籍貫竟會出面主張台灣獨立，一般不了解的人都感到相當好奇，你能解釋爲什麼你會有台獨主張？

答：目前宣稱擁有台灣主權的除了國民黨外，尚有中國共產黨，但是他們兩黨都倡言統一。從經濟層面來看，台灣現在GNP每人六千美金，中國才二百六十五塊美金，這中間的差距，「如果」統一，要如何去平衡？

四十二年前的「二二八事件」，主要因爲當時台灣的經濟水平遠高於中國大陸，所以大陸軍隊、官員一到台灣後就貪污、搶刼，終於造成這一時代悲劇。到目前爲止，四十二年前的原因不僅尚未消失，海峽兩岸的經濟差距更是愈來愈遠，雙方完全沒有統一的條件，所以，基於這個現實的理由，統一只會造成另一個悲劇。所以我主張台灣應該獨立。

問：所以你認爲台獨主張跟「二二八事件」有關係？

答：關係相當密切，實際上，戰後年輕的一代在海外主張台灣獨立，大都是受到「二二八」血淋淋教訓的影響。他們清楚地認識到只有台灣獨立，才能保障台灣人的人權、政治的民主。不然，台灣永遠是在殖民式統治之下，不可能擁有眞正求民主政治的果實、人的尊嚴與基本權利。

深思熟慮，主張台獨

問：你什麼時候開始萌生台獨的理念？

答：從大學時代起我就在思考這個問題，經過長時間的深思熟慮後，我認爲無論就什麼觀點來看，台灣唯有獨立，才能走上光明的前途。

問：爲何到這兩年才提出台獨主張？

答：那時候時機尚未成熟，而且在我們雜誌具有一定的影響力後，再來提倡才會引起社會的矚目，形成風潮。

問：一九八七年四月十八日你在金華國中公開演講主張台灣獨立，然後在雜誌上一直公開主張台灣獨立，乃至於在一九八八年刊登新憲法草案，這些行動背後是否有其一貫的策略運用？

答：以前台灣沒有人敢公開主張台灣獨立，所以首先要有主張台灣獨立的聲音出來，而在獨立主張成爲共識之後，不能光喊口號，所以才有新憲法草案的出現。經由這拋磚引玉之舉，讓大家共同討論出一個適合台灣的新憲法。如果有其他人提出新憲法草案，我也將照樣刊登，讓社會大衆公評討論這些憲法草案。

我是不折不扣的台灣人

問：國民黨經常表示，支持台灣獨立的人口比例不大，你認爲呢？ ←

・台灣是台灣的，不是中國的

答：如果國民黨認為這是少數人的聲音，有本事就開放電視台、報紙讓台獨主張公開辯論，看看眞正的民意是什麼。不要動不動就用叛亂罪起訴逮捕主張台灣獨立的人士。

問：目前居住在島上的「台灣人」仍有些難以解開的「結」，要如何解決？

答：按照國民黨身份證的劃分法，我是外省人，但是實際上，我是一個不折不扣的台灣人。所以，我們非把這個「結」解開不可，這就是我投下人力、財力舉辦「二二八」四十週年紀念活動的原因。

問：台灣獨立的先決條件是什麼？

答：台灣獨立的前提，主觀方面必須台灣人民形成要求獨立的集體意志，客觀方面必須世界上其他國家承認台灣是一個獨立的國家。因為台灣是個島國，對國際貿易依賴很深，所以，一定要得到國際上的承認，才能重返國際政治舞台，進而積極活躍於國際經濟舞台。

問：台灣如何爭取國際的認同？

答：我認為，要國際社會承認台灣是台灣的，比承認台灣是大陸的，或者大陸是台灣的，還要容易的多。就好像你要鄰居承認你家是你的、他家是他的，比要鄰居承認他家是你的、或者你家是他的，要容易的多，這是一樣的道理。所以只要台灣人民形成獨立的共識與決心，拆穿國民黨藉著統一神話搞獨裁台灣的政治大騙局，則經由台灣的經濟實力與台灣人民的積極表現，就足以讓國際社會正式外交承認台灣是一個獨立的國家。有些人認為台灣即使宣佈獨立，但由於中國的外交壓力會橫加干涉，所以國際社會正式承認獨立台灣的可能性不大，但是我要提醒大家，目前與中國有正式邦交的一百三十六國之中，只有六個蕞爾小國——馬爾代夫、約旦、葡萄牙、波扎那、尼日、幾內亞，「承認」台灣是中華人民共和國領土不可分割的一部份而已！其中八十八個國家只是「瞭解」、「認知」、「注意到」或「尊重」中國的這個立場，而剩下的四十二個國家在公報中根本不提中國的「台灣問題」！

台灣獨立與台灣民主

問：許多人不願談獨立，談統一，只想安於現狀，以你的看法，台灣為什麼不能維持現狀？

答：如果台灣要維持「中華民國」的政治制度，就不可能達成全面的民主。何況國民黨還堅持中國的法統，又拿中國尚未統一作藉口，拒絕落實民主政治。民主不是投票就算了，共產國家的人民也照樣投票，但是他們的政治還是不民主。台灣人民除了投票，還需要建立一套符合台灣民意的政治制度，這樣才有眞正的民主可言。

問：目前有一種說法，台灣獨立並不

・前途雖然坎坷，但這條活路一定走下去

能保證台灣民主，如果獨立之後台灣還是獨裁政治，那麼跟目前有何差別？他們認爲只要講民主就好，獨不獨立並不重要，你的看法如何？

答：台灣獨立並不能保障台灣民主，因爲那要看台灣怎樣獨立。我們所主張的台灣獨立是透過公民投票決定，而在投票之前，一定要經過充分的討論。獨派、統派都將他們的主張攤開來討論，這樣經過觀念的激盪之後，才進行公民投票。如果大多數的人贊成獨立，則這樣的台灣獨立，較能保證獨立之後的民主。

問：什麼時候是公民投票的時機？

答：應由人民在自由意志下，經半年至一年的充分討論，再進行公民投票。

問：那麼台灣獨立之後，如何制定憲法及政治體制？

答：這個憲法必須爲大家接受，所以憲法的討論，現在是非常重要的。獨立之後政治體制的設計，與國家大法的制定，都必須讓人民充分了解與參與。這樣的台灣獨立，也較能排除政治獨裁的可能。

問：什麼樣的台灣獨立會導致獨裁？

答：如果我們照一般人的說法，把國民黨在台灣的「國獨」也看作是一種「台灣獨立」的話，這就是獨裁的「台獨」了。或者說，如果國民黨不透過公民投票決定，自己宣佈台灣獨立，那也是換湯不換藥的獨裁「台獨」。可是這絕對不是我們所追求的「台灣獨立」。

獨立與民主齊頭並進

問：你畢生追求的政治理想就是「台灣獨立」嗎？

答：當然不止。我先說一個小故事。一九八八年八月我到紐約參觀聯合國總部，一進去展覽室，觸目所及，就是廣島與長崎遭受原子彈轟炸後的慘狀，讓人了解戰爭的可怕。聯合國創立的宗旨，就是希望維持世界和平，不要再有戰爭發生。想想看，原子彈轟炸後的慘狀，竟在丟原子彈的美國土地上永久展示。這是多麼偉大的用心。而聯合國所揭示的和平理想，正是我們應該終身追求的。

問：這樣的政治理想，會不會過於崇高？

答：當然不會過於崇高。對於一個國家而言，這樣的理想，應該用什麼樣的政治體制才能落實，是我們必須深思的地方。和平理想如要落實，表達意見與主張的自由是第一優先的基本條件，因此這種政治制度應該是民主的。要知道，台灣並不是小國家，台灣人民當然也有能力對世界和平有所貢獻。不過前提是：台灣對外要有國際地位，對內要有民主政治，獨立應與民主齊頭並進就是我的一貫的想法。

問：你此刻的心情如何？

答：心境平和，鬥志高昂。◆

行動思想家鄭南榕（一九四七－一九八九）

一九八七年二月十五日，二二八平反運動第一場遊行在台南舉行。（宋隆泉拍攝）

一九八七年二二八公義和平運動旗幟。（鄭南榕基金會提供）

遊行公告

集合時間：3月7日下午2時30分
集合地點：彰化縣政府前廣場
遊行路線：中山路→孔門路→中華路→和平路→光復路→彰化火車站
（請參閱附圖）

228和平日紀念演講會預告

時　　間：3月7日下午7時整
地　　點：彰化市中正南路平和國小

一九八七年首度由民間發起全國二二八紀念和平反行動，彰化場遊行和演講會公告。（鄭南榕基金會提供）

目次

Part 1 認識鄭南榕

本刊文責一律由總編輯鄭南榕負責，目錄頁數不詳具作者姓名

Part 2 鄭南榕的十一個面向

Part 3 大事記

編輯室報告

二零二四年是鄭南榕自焚殉道三十五週年，鄭南榕基金會委託逗點文創結社，出版《認識鄭南榕：看見《自由時代》總編輯的十一個面向》。

這本專書的出版，讓熟悉或不熟悉鄭南榕的不同世代，重新或再度認識鄭南榕。

透過以鄭南榕個人生命史為縱，橫向連結台灣史和世界史的時代脈絡，相互對照，了解加害者的結構和樣貌，即獨裁威權統治時期中國國民黨黨國體制的龐大且綿密。惟有正視和意識，才能理解和同理鄭南榕的訴求和犧牲，才能了解台灣人的處境。我們也希望藉此分享整理研讀鄭南榕暨自由時代雜誌社史料的階段性成果。

鄭南榕的生命故事提供當代台灣人正視歷史的視角和保有記憶的重要性，思索和珍惜台灣現有的民主自由、人權和主權，是立基於前輩們的努力和衝撞爭取而來的。

這一路走來不易，再次謝謝過程中給予我們鼓勵和協助的夥伴們。

財團法人鄭南榕基金會於二零二四年

Part 1

認識鄭南榕

01

鄭南榕所處的大時代

一九四七年，二二八事件，是反抗、鎮壓屠殺與恐怖記憶。

一九四五年八月十五日第二次世界大戰結束，根據盟軍最高統帥第一號命令，中國戰區最高統帥蔣中正（蔣介石）派陳儀擔任台灣行政長官，於十月二十五日接收台灣。來台國民政府官員政策失當，濫權貪腐，造成物資短缺、物價高漲，軍人侵佔民宅、欺侮婦女、打壓虐殺更是時有所聞。政府要職多由外省人擔任，歧視台灣人，造成省籍歧視和族群衝突。而龐大的日產和日企，被接收改為公營事業機構，不乏官員從中貪汙、謀取私利。台灣大量資源被送往中國，加上台幣兌換率不公，導致台灣經濟消退、物價暴漲、民眾失業，嚴重影響生計。短短一年間的諸多劣政使台灣人不滿之聲高漲，讓原本熱烈歡迎的「光復接收」，變成民間所怒稱的「光復劫收」。國民政府對台灣的控制壓迫，從政治層面、經濟產業到日常生活所累積的民怨，是造成日後二二八事件爆發的原因。

一九四七年二月二十七日，台北圓環天馬茶房前爆發緝煙傷人事件，二月二十八日，市民遊行到台灣省行政長官公署，要求官方調查緝煙真相，找出肇事者，卻遭衛兵開槍掃射，再度枉傷人命。透過電台廣播，人民對統治者的怒火燃燒全台，自三月一日起各地串連，群起抗爭。眼看官民之間衝突愈發嚴重，全台各縣市仕紳組成「二二八事件處理委員會」，從政者、工會、醫師、藝術家、作家和學生等都參與維持地方秩序。三月七日，「二二八事件處理委員會」提出《三十二條處理大綱》要求改革政治制度、各縣市長選舉、台籍官員應超過半數、台灣人出任警察等訴求。這些台灣菁英包括王添灯、林連宗、陳屋等各級參議員，也有郭章垣醫師、湯德章律師、畫家陳澄波等人，在三月九日後陸續被逮捕、或遭密裁（暗殺）或公開槍殺；批評政府報導真相的媒體也遭整肅，《台灣新生報》阮朝日、《民報》林茂生、《人民導報》宋斐如等相繼被捕失蹤，報紙被查禁、報社因而關閉。

三月八日，國府軍隊自基隆登陸後，迅速展開武力鎮壓屠殺和清算，台中青年所組成的「二七部隊」起而抵抗，然因官民之間武力兵器差距過大，「二七部隊」成員鍾逸人、黃金島等人被捕，楊克煌、謝雪紅等人則亡命中國。三月九日台灣省行政長官陳儀宣佈戒嚴，旋即進行大規模逮捕和濫殺，進行「綏靖」、「清鄉」，凡曾經參與二二八事件，包括處理委員會的台籍菁英與一般人士，都遭官方後續追究，被要求「自新」，或被逮捕、被通緝、或長期監控。中國國民黨當局持續高壓統治，透過滲透、監控、逮捕、濫刑，壓制清除異己，以維持其政權。一九四七年七月下令動員戡亂，一九四八年五月十日，公告施行《動員戡亂時期臨時條款》，一九四九年五月十九日，陳誠公布〈台灣省戒嚴令〉，台灣也進入長期的「白色恐怖」時期。

二二八事件之後的屠殺與後續的高壓統治，造成台灣長期集體的噤聲恐懼。直到一九八七年二月，鄭南榕、陳永興、李勝雄等人發起民間首次紀念二二八的公開活動，要求平反和釐清真相。唯有釐清真相，台灣社會才能健康和邁向和解。

02 鄭南榕的成長背景

鄭南榕出生於發生二二八事件的那一年，「二二八」刻印在他的生命記憶中，是無法褪去的身世符碼，也是往後，他致力追求公平正義的精神力量。他曾寫下：「我出生在二二八事件那一年，那件事帶給我終生的困擾。」

他的父親鄭木森是日治時期（一九三四年）來台的福建人，在當時是「華僑」，母親謝惠琛是基隆人，兩人自由戀愛、結婚，原設籍羅東，因二二八事件發生，母親暫居台北，生下鄭南榕。戰後初期，鄭父因家計發生變化，全家搬到宜蘭五結的中興紙廠，雙親在廠區經營理髮院及美容院，養育四個孩子。鄭南榕身為長子，從小生長在民主作風的家庭，養成自由不羈的思想與性格。

喜愛閱讀的鄭南榕，涉獵的書籍種類廣泛，就讀台北建國中學時期，經常流連在牯嶺街舊書攤。他幫自己取了筆名「鄭恆」，閱讀清單名為「鄭恆書室」。他的思想啟蒙，或許就是在這時逐漸形成。

從成功大學工科系轉學至輔仁大學哲學系，是他跟從本心，決定選擇熱愛的學科。哲學對他來說，是一門明辨真偽、因果、是非，沒有曖昧矯飾，不輕易妥協，執著無畏的科學。他也信仰古典自由主義，堅持個人尊嚴和價值追求；他說：「我是一個行動思想家。」

鄭南榕幼時，與父母親和弟弟們的合照，由左至右：
前排，么弟（清華，三歲）、三弟（肇基，五歲）、二弟（國飛，八歲）。
後排，鄭南榕（十歲）、母親謝惠琛 、父親鄭木森。
（鄭南榕家屬提供）

一九五九年，鄭南榕考上宜蘭初中狀元，父親送幸福牌變速腳踏車獎勵。（鄭南榕家屬提供）

在台灣大學哲學系唸書時，他屢次到台大教師宿舍拜訪遭到監視的自由主義學者殷海光教授，也跟隨殷師成為了古典自由主義者。殷海光曾形容鄭南榕是理想主義者，像是預告了他往後一生的作為。

鄭南榕青少年時期（上圖）、就讀建國高中（下左）和輔仁大時期（下右）大頭照。
（鄭南榕家屬提供）

03 一九八零年代的台灣，箝制與壓迫

一九四九年，中國國民黨政府撤退來台，透過戒嚴令和動員戡亂臨時體制箝制台灣社會，台灣雖在以美國為首等民主國家同盟之列，卻遲遲未真正民主化。有國共戰敗經驗的蔣中正，在台灣實施強人威權統治，建立黨國體制。

一九五零年，台灣實施地方選舉，長期受到壓抑的台籍人士雖然能參選，加深台灣基層民眾對民主的支持，但是，另一方面，中國國民黨拉攏地方勢力與派系以鞏固其政治勢力。農會、農田水利會、漁會的改組與運作，是國民黨控制地方勢力的展現。

一九七八年初，時任中國國民黨主席及行政院長的蔣經國，由國大代表投票選舉，絕對多數通過由蔣經國當選中華民國總統。此時的蔣經國已

掌握中國國民黨、政、軍、特各大系統的實權，延續其父蔣中正時期以來的黨國體制和威權統治。

在國際連結方面，一九五零、六零年代在海外活躍的台獨運動，包含史明及許多日本、美國、歐洲追求台灣獨立的台灣人社團，無不影響了台灣內部對民主的渴望。一九七零年，在美國發生的「刺蔣案」，更彰顯海內外台灣人對中國國民黨黨國體制和蔣家威權統治的強烈不滿。隨著美國在一九七零年代開始推動對中國關係正常化，中華民國在國際上益形孤立。但美國對台灣的自由、民主、人權也相較於過往關心。一九七九年美國與中華民國斷交之後，透過《台灣關係法》，美國政府仍持續關心關切台灣的自由、民主與人權。

長期以來，中國國民黨介入選舉，卻也不減台灣人追求民主的決心。一九七七年，國民黨在桃園縣長投票日選務造假舞弊，引起群眾包圍中壢警察局，抗議作票，憤怒群眾搗毀警察局，警方則開搶打死兩名市民，是為「中壢事件」；一九七九年，前高雄縣長余登發父子，被國民黨當局指稱涉入「吳泰安事件」，以「為匪宣傳」和「知匪不報」起訴，這是明顯的栽贓手法，黨外人士聲援余家父子，是為「橋頭事件」。

一九七九年十二月十日，高雄美麗島雜誌社為主的「黨外」人士在國際人權日當天集會，並提出民主與自由的訴求，要求解除黨禁和取消戒嚴令，卻遭到鎮暴部隊介入，發生大規模軍警與民眾暴力行動，事後逮捕黨外人士黃信介、林義雄等人，是為「美麗島事件」。其中，黃信介、施明德、張俊宏、姚嘉文、林義雄、陳菊、呂秀蓮、林弘宣等八人，遭受軍法審判，以《懲治叛亂條例》之「叛亂罪」（唯一死刑）起訴，因國際社會施壓，要求蔣經國釋放政治犯，除施明德被處以無期徒刑之外，黃信介等人被處以有期徒刑。雖然台灣的民主工作者再次受難，與二二八事件不同的是，其犧牲鼓舞更多的台灣人民走向反對運動。

從一九七零到八零年代，雖被視為台灣經濟快速起飛的年代，但在安和樂利的表象下，也是人民被失蹤和出版品被查禁的年代，隨時都有可能被黨國情治系統盯上，突然被逮捕、被失蹤、被自殺的年代。一九八零年，政治受難者林義雄在審訊期間，二月二十八日，家中發生滅門血案，引起全台震動。一九八一年，在美國卡內基美侖大學任教的陳文成教授，因曾資助《美麗島雜誌》，返國後即被監控，在遭警總約談後不久，即被發現陳屍於台灣大學研究生圖書館旁，成為懸案。一九八四年，撰寫《蔣經國傳》和《吳國楨傳》的作家江南（本名劉宜良，美國公民），在美國舊金山自宅被中國國民黨當局派黑道份子暗殺身亡。這些事件都是當時震驚國內外的重大政治謀殺事件，也重挫了中國國民黨當局的統治正當性。

一九八零年代，有許多台灣人努力突破禁錮思想和行動的枷鎖，有人挑戰「黨禁」對集會遊行的限制，走上街頭，抗議中國國民黨當局的威權統治，表達政治改革訴求。有人挑戰「報禁」對言論自由的限制，辦「黨外雜誌」，傳遞訊息，如《八十年代》、《深耕》、《關懷》等。鄭南榕和當時許多民主運動參與者或政治工作者一樣，都受到美麗島事件及大逮捕、林宅滅門血案以及陳文成謀殺命案的衝擊，他先以自由作家身分為黨外雜誌寫稿，後來在一九八四年三月十二日創辦《自由時代》週刊。

04

人生的動盪與轉向

因拒修「國父思想」這門必修課，從台大肄業的鄭南榕，因為英文能力不錯，起初的幾份工作跟外貿、經商相關，從他的筆記裡看得到許多和經營管理、國際貿易相關的閱讀清單，他會寫下閱讀的重點摘要，也會註記自己的想法。

工作幾年後，他曾和朋友一起創業，先後賣過太陽能熱水器、利口樂喉糖、禮品書卡、睫毛生長液等產品。或許是經商的經驗不足，加上台灣市場還未能接受如此先進的產品，最後都不太成功。

一九八零年前後，是台灣社會動盪的時期，鄭南榕先後看到美麗島事件、林宅血案、陳文成命案的發生，讓鄭南榕生命有了重要的轉折，他棄商從文，決心替《政治家》、《深耕》

等黨外雜誌寫稿，白天到立法院旁聽，晚上寫作，對黨外雜誌的營運，有更全面的認識。

這個時期，也是鄭南榕迎來女兒鄭竹梅出生的階段。從日記中可看出他對女兒的愛護與珍視，期望女兒能夠在一個更加自由的環境中成長。

鄭南榕初出社會的十年，是碰撞、迷惘、動盪，做過許多嘗試的他，逐漸找到自己的志向所在。他投身政治相關工作，寫政論、參與助選、結交志同道合的朋友，從中找到自己可以實踐理念的方向——創辦雜誌。

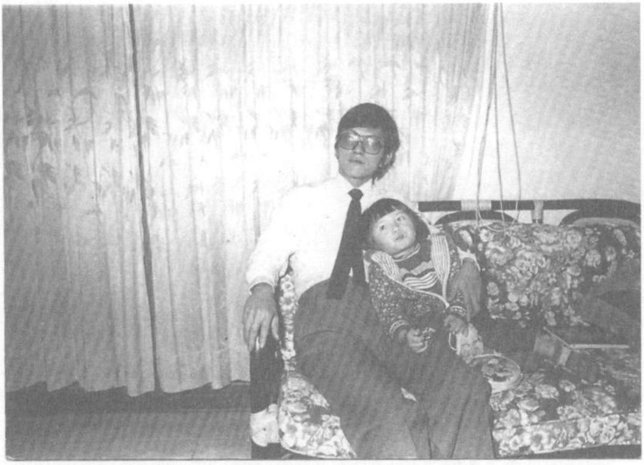

鄭南榕與鄭竹梅。（鄭南榕家屬提供）

鄭南榕全家福。（鄭南榕家屬提供）

05 一九八四年，被噤聲的台灣社會

曾有很長一段時間，台灣處在中國國民黨一黨專政的黨國威權統治，媒體新聞的報導、報刊雜誌的出版，及至集會結社，都受到黨國的管制和監控。只要違反黨國政策，出版品就有被查扣、查禁，甚至被停刊的風險。「執法」的依據之一即為《出版法》，若出版行為與內容不符或違反該法之規定，即會被處以警告、罰鍰、禁止出售或扣押沒入、停止發行、撤銷登記等處分。

只是，台灣人仍有知的欲求和權利。鄭南榕在《獄中日記》（一九八六）便曾寫下：「請讀者來保護大家知的權利」。官方不會、也不能報導的新聞資訊，人民透過「黨外」雜誌交流訊息，傳達政治理念和訴求，挑戰「一黨」獨大的國民黨政權，也挑戰言論自由和出版的框限，更串起民眾參與社會運動的力量。

曾經禁制台灣人的言論和出版自由的《出版法》，直到一九九九年才被廢止。

06

本刊文責一律由總編輯鄭南榕負責

鄭南榕以「爭取百分之百言論自由」為目標，一九八四年三月十二日創辦自由時代雜誌社，並發行《自由時代》週刊，歷時五年八個月，共發行三百零二期，從未停刊。這在當時是十分罕見的，因為黨外雜誌經常受到當局的查禁、沒收、打壓，但是；鄭南榕與雜誌社同仁有策略應對當時的情況。

結合從商及黨外寫稿的經驗，鄭南榕經營雜誌社時具有商業經營及管理思維，成本控管、行銷宣傳、通路鋪貨、人事管理等，他都下足了功夫，除了早期工作累積的經驗之外，他持續閱讀自學，並從一九八六年開始，結合辦雜誌與做運動，互相宣傳，兩者相輔相成。

四年辛苦不尋常

——創刊四週年感言

四年前，在台灣辦雜誌，宣稱要「爲您爭取百分之百的言論自由」，幾乎被視爲空想或笑話。四年來，以「爲您爭取百分之百的言論自由」爲創社的宗旨的自由時代系列周刊，却用它的總成績單，證明了這是一張可以兌現的支票。

我們一直深信，爭取百分之百的言論自由，是一個民主社會的「充分且必要」條件，我們更深信，所有的自由裡，第一個應該爭取的是言論自由，有了言論自由以後，才有可能保住其它的自由。

爲了檢驗我們心中設定的目標，也爲了履行對千萬讀者的承諾，以下是我們在槍口下、在法庭上、在牢獄裡，在全面非法封鎖下，在財務赤字陰影下，爲您爭取百分之百言論自由的成績單：

■創刊四周年，出版二一五期，從未脫期，發行量超過六百萬份。

■江南命案發生後，最快、最深入報導該案內幕，直接明指蔣孝武是江南命案的眞正元凶，正式對蔣政權及其特務系統挑戰，並獨家刊登江南命案當時在逃人犯董桂森留給李敖的秘件。

■在「蔣經國傳」作者江南被刺之後，迅速連載「蔣經國傳」。

■第一個公布蔣經國的體檢表，並請名醫「會診蔣經國」，獨家報導蔣經國已經進行截肢手術，獨家報導蔣經國左眼瞎了，在蔣經國死前一星期，獨家報導蔣經國大限已近……。幾年來，一直被視爲蔣經國的健康權威。

■全面曝光不可告人的宮廷秘史，並戳破建立多年的蔣家神話，這從

圖說：自由觀點，〈四年辛苦不尋常：創刊四週年感言〉，總號第二一五期，一九八八年三月十二日。（鄭南榕基金會提供）

我們順手拈來的封面標題，就可以得到印證，如「蔣孝武——腳踏黑白兩道，手握文武百官」，「四大王子爭太子——武勇慈嚴的權力路途」，「蔣經國、蔣緯國兄弟鬩牆」，「國民黨如何安排下一步的流亡？」，「蔣經國棄卒保帥」。「蔣家官邸的要錢術」，「宋美齡復健奪權，蔣緯國夾縫求生」…………

■第一個點明蔣家第三代接班的安排，以及軍特系統奪權的可能性，如「蔣總病情總診斷」，「宮廷派全綫接班的先聲」，「未來台灣強人——蔣孝武」，「蔣孝勇插手，調查局撤手」，「一元預算，五角養兵」，「郝柏村、宋長志、汪敬煦大鬥法」，「誰是台灣的安利爾」，「台灣會不會發生兵變？」……等專題，點出台灣人心中揮之不去的陰影，直攻國民黨要害，逼使蔣經國在一九八六年年底做出蔣家不接班、軍人不干政的承諾。

■首先一系列越洋專訪流亡海外多年的台灣人政治團體領袖，如FAPA會長彭明敏，台獨聯盟主席張燦鍙，改組後的台灣獨立建國聯盟主席許世楷，跑路縣長許信良，台灣革命黨主席洪哲勝，長老教會黃彰輝牧師……牽引台灣人的心靈，互通海內外的音訊。

■獨家全文刊載陸鏗的「胡耀邦訪問記」，並獨家專訪香港新華社，獨家報導如何到中國觀光，如何到中國做生意……突破國民黨三不通四不流政策的防綫。

■第一個要求國民黨全面的、無條件的解除戒嚴，並且在台灣戒嚴的第三十八個年頭，推動「五一九綠色行動」，在國民黨制定國安法取代戒嚴法之際，發動「抗議國安法，示威總統府」的行動。

■長期鼓吹黨外人士組黨，呼籲用制度化的組織來掌握運動，並第一個加入海外的「台灣民主黨」，響應「遷黨返台」的行動。

■第一個在雜誌上明確而具體的提出台灣獨立的主張，並被高檢處以「涉嫌叛亂」蒐證中。

■第一家被警備總部以陸海空軍刑法第九十二條「構造謠言以淆惑聽

聞」及刑法第一百四十條第二項「侮辱官署」等罪名，主動函請台北地檢處偵辦的雜誌，也是多次被國民黨當局威脅要以「侮辱國家元首」法辦的新聞媒體。

■言論官司最密集的雜誌：四年來，前後有總編輯、發行人、作者等八名被提起五件言論官司，並有總編輯、發行人各一名，坐過言論自由的大牢。

■唯一長期肩負新聞傳播與民主運動兩大功能的雜誌，「五一九綠色行動」、「二二八和平日」紀念活動、「獨立救台灣」街頭示威遊行……等，只是其中犖犖大者。

其它，諸如自由時代系列周刊社前後有十六張不同名稱的發行執照，輪番上陣，創刊四年，總共被停刊十九次，等於被判十九年的有期徒刑；出刊二一五期，查禁比例超過三分之二，換句話說，每出版三期，就有兩期被迫轉爲地下販賣。這些國民黨慘烈的箝制、對言論自由的迫害，對我們所造成的損失和威脅，其實都是不足掛齒的。因爲，任何違反民心趨向，違反時代潮流的反動舉措，就像歷史的泡沫，很快就會被淘汰的。

而我們之所以在此向讀者報告創刊四周年的成績單，一方面是重申我們所服膺、信守的「爭取百分之百的言論自由」，一方面也是向四年來或公開、或暗中，或精神上、或行動上支持我們的無數讀者致意。一本被迫以三分之二的比例走入地下的刊物，能夠支撐四年，除了我們本身的信念堅定和意志強韌之外，讀者肯長期耐心地尋覓和熱烈地支持，才是我們生存的最大動力。

此外，如前述所言，我們深信，所有的自由裡，第一個應該爭取的是言論自由，有了言論自由以後，才有可能保住其它的自由。也就是說，爭取了百分之百的言論自由之後，我們還有其它諸多種類的自由尚待爭取。

四年，只是一個小小的逗點，在此，我們渴切盼望，即使眼前是一條漫長、艱辛的道路，您也一秉往昔，和我們奮力邁前。

直到愛和公義在這塊土地實現。◆

落實對台灣命運的終極關懷

自由時代創刊五周年有感

■鄭南榕

終於，自由時代週刊昂然邁進第六個年頭，在多事之秋的此刻。

回首來時路，五年的奮鬥歷程，猶如一頁爭取言論自由的風雲滄桑史。在國民黨當局高壓的言論箝制之下，本刊自創刊迄今，歷經四十次停刊、百餘次查禁、十次言論官司，一次槍口對準人身，並遭逢不計其數的監視、監聽與騷擾。在這種有形無形的政治迫害下，本刊依然一本批判色彩與爭取百分之百言論自由的精神，獨立撐持至今。環視台灣的反對派刊物，能延續言論自由的香火而五年不斷者，也只有自由時代碩果僅存而已。

當然，這是拜讀者對本刊的堅定支持所賜。我們熱心的讀者，雖然自始未曾謀面，但他們從台灣各個角落（當然也包括海外），以精神與行動熱烈支持我們，與我們共同度過恐怖陰影揮之不去的一九八四年、民怨沸騰的一九八五年、自力救濟頻頻的一九八六年、社會運動蔚爲風潮的一九八七年、一九八八年的挫折與焦慮，與一九八九年迄今政治局勢的逆轉。未來發展是難以逆料的，但我們始終堅信唯有靠人民力量的全面覺醒，台灣才會有公理正義降臨的一天。在此之前，民主自由的路依然崎嶇遙遠，誠盼讀者繼續支持我們，讓本刊繼續一本宗旨，爲自由做先鋒，爲時代做見證。

所以，與其說我們在此紀念創刊五周年，不如說是藉此機會更加鞭策自己。五周年的辛苦經營，比起台灣人民的長期憂患，又何足以自憐自滿？無謂的樂觀與悲觀，恰恰是對世事無知的反應；我們寧願以更嚴肅而認眞的態度，來看待台灣當前的問題。因此，我們對於統治當局及現行政治體制堅持強力的批判，不爲假中庸主義者的鄉愿作風；對於反對陣營與反對人士的期許，強調可大可久的運動目標與路線，不以一時的政治利益分霑爲滿足；對於社會與文化的種種病象，以人性爲出發點喚起台灣人的心靈，並從扭曲的體制上加以針砭。

圖說：鄭南榕，〈落實對台灣命運的終極關懷：自由時代創刊五周年有感〉，《自由時代》第二六七期（一九八九年三月十一日）。（鄭南榕基金會提供）

為了落實對本土的關懷，本刊更進一步打破統治當局最大的言論禁忌，積極提倡台灣獨立的理想。

雖然本刊為宣揚台獨所付出的代價，比起批判統治當局與戳破軍方神話為鉅，所受的誤解更非其他新聞刊物所能想像，然而本刊對於這些迫害與誤解的因應之道，便是從各層面將台灣獨立的真義，作最淋漓盡致的闡揚。一本獨立自主的新聞刊物，斷無將其政治觀點與立場遮遮掩掩、避重就輕，以取悅統治當局之理。

這不是慷慨激昂的豪情話，而是在本刊多年爭取言論自由的深刻經驗中，所獲得的珍貴啓示。我們認為，人民與其仰統治者鼻息期待他們「發恩施仁」，不如標舉鮮明大旗，以正義公理的訴求向統治當局積極抗爭。在這種情形下，任何企圖以投機、敷衍、造騙等手段，藉此機會在統治者與被統治者之間左右逢源的人士，必將在關鍵時刻出賣被統治者的利益，或在日後成為掠奪勝利成果的新統治者，徒使反對運動遭受挫折，造成無可彌補的損失。因此，凡是以爭取言論自由為宗旨的新聞刊物，當無在言論箝制的縫隙中鑽營，並以鄉愿搖擺的作風經營刊物之理。

其次，爭取正義與公理理當即知即行，而非坐待統治者時緊時鬆之際，思謀或激進或保守的行動。這些道理雖然淺明，但是放諸台灣報刊市場，卻絕少有符合如此標準的刊物。政治勢力的強大壓力與新聞業者的喪失操守，使我們格外警惕。因此，我們只有在言論自由的爭取過程中時時自勉，並不為各式各樣的壓力與壓迫，而放棄身為反對派刊物應有的原則。

在堅持原則之下，本刊創辦人兼總編輯鄭南榕官司纏身，並因為刊登一篇憲法草案而受到「叛亂」案的司法迫害。雜誌正在多事之秋，而五週年驀然至矣！在將來的第六個年頭，我們仍將在既有基礎之上，繼續為言論自由打拚，並本著對台灣命運的關懷，繼續以實際行動落實台灣獨立的理念。◆

當前我們爭取百分之百言論自由的目標：打倒出版法！

言論自由是民主政治中最基本的權利。出版法卻授權新聞局得以行政命令處分出版品，停止發行及查扣沒入。多年來，行政機關依此惡法不經司法判決，以區區的行政命令剝奪人民的言論自由及財產權，並使台灣的新聞界不敢抗爭。

本刊因報導、評論「台灣獨立」議題，屢遭新聞局以出版法來停刊及查禁，我們抗議國民黨政權以這種惡法封殺人民的言論自由，我們認為：出版法不改，台灣的言論自由就沒有保障。

請支持本刊繼續爭取百分之百的言論自由。

07

衝破鐵蒺藜

儘管一九八六年的台灣社會，已傳出即將解嚴的風聲，黨外人士仍持續推動改革訴求，要求解除戒嚴、解除黨禁和報禁、實行民主化、解除黑名單。因為，中國國民黨政府對黨外運動的壓制仍未稍減。

一九八六年三月，鄭南榕和江鵬堅等黨外人士，籌備發起「五一九綠色行動」，這是台灣人第一次的「反戒嚴」運動。在桃園、台中、高雄各地舉辦說明會，期間，在桃園的活動新聞遭情治機關封鎖，上萬份傳單在半夜被偷走。也發生軍警在活動當天查扣宣傳單，出動拒馬阻擋要參加的民眾，甚至拒借場地。

「五一九綠色行動」正式展開當天，大批支持群眾在龍山寺集合，國民黨的軍、警、特也傾全力，包圍龍山寺，在場監控內外群眾。

一九八六年六月，鄭南榕被控「違反選舉罷免法」，遭關押八個月。但「監牢不是民主運動的終點」，一九八七年一月二十四日出獄後，二月即與陳永興醫師、李勝雄律師成立「二二八和平日促進會」，並在台北、台南、彰化、嘉義、高雄等地舉行紀念活動，這是台灣社會首次公開紀念二二八。各地的紀念活動也遭到阻撓，高雄在三民公園舉行說明會；在彰化縣政府前的悼念儀式，警方禁止遊行，民眾衝破封鎖，卻遭軍警棍棒毆打，是紀念活動期間最嚴重的衝突。

一九八八年十一月十六日，鄭南榕、黃華與「台灣政治受難者聯誼總會」為聲援「蔡有全、許曹德台獨案」，推動「新國家運動」，以和平的方式推動台灣獨立建國運動，主張「新國號、新憲法、新體制、新國會、新政府、新文化、新社會、新環境」，足跡遍及全台。這些社會運動展現台灣人以自由意志，突破威權，爭取民主與人權的決心。

08

爭取正義與真理，理當即知即行

如果要突破中國國民黨政府的威權統治與封鎖，光是發行雜誌、寫文章批判，這樣的力道還不夠，一九八六年，鄭南榕發起「五一九綠色行動」，要求解除戒嚴；一九八七年，發起「二二八平反運動」，訴求公布二二八真相，平反冤屈。

辦雜誌，會受到查禁、跟監等威嚇；做運動，會面對中國國民黨「黨國體制」的脅迫和暴力，更甚者，隨時都有可能被抓捕入獄、判刑，儘管受到威脅，但是，鄭南榕不想一直活在恐懼中，最終他選擇直接面對和反抗。

在省籍意識強烈的年代，鄭南榕自稱是「外省人第二代，台灣人第一代」，宣示他釘根台灣的決心。他關心的議題廣泛，從突破威權統治封

一九八六年五月十九日「五一九綠色行動」在台北龍山寺集合，準備遊行至總府統，因被中國國民黨軍警包圍，無法出發，群眾就地在台北龍山寺前靜坐。（宋隆泉攝影）

鎖，到宗教、族群、軍事國防、財經金融、外交國際、政黨政治、憲政改革等等，他心裡掛念台灣，所思考的、行動的，都是為了打造更好的台灣社會。

一九八七年四月十八日，他在金華國中反對《國安法》演講時，公開主張：「我是鄭南榕，我主張台灣獨立。」這是台灣在公開場合說出主張台灣獨立的第一人，不僅震撼人心，更展現其意志。

一九八七年二月二十六日，鄭南榕和夥伴們在嘉義火車站前，由鄭南榕獻香、獻花，眾人一起向二二八英靈鞠躬致意。（宋隆泉攝影）

一九八七年二二八和平日遊行隊伍，與阻擾遊行的中國國民黨軍警發生衝突。（宋隆泉攝影）

一九八八年新國家運動。（宋隆泉攝影）

一九八八年新國家運動聲援「蔡、許台獨案」。（宋隆泉攝影）

09

解嚴之後，還沒有迎來真正的自由與民主

一九八七年迫於國際間和台灣內部的壓力，總統蔣經國宣布：自七月十五日零時起解除戒嚴。在那之後，台灣社會的群眾運動仍持續不斷。有人會問：「不是已經解除戒嚴，為什麼還要上街抗爭？」也有人會問：「已經解除戒嚴了，為什麼還有人被逮捕？」

有人持續抗爭，是因為蔣經國總統宣布解除戒嚴的同時，也制定並實施《動員戡亂時期國家安全法》（簡稱《國安法》），台灣仍處於動員戡亂時期的狀態。當時雖為解嚴，有人主張台灣獨立或台灣共和國的理念，遭捕判刑，是因為違反了《動員戡亂時期臨時條款》、《懲治叛亂條例》及《刑法》一百條，仍可被處以「叛亂罪」，最高刑責為「死刑」。

一九八九年鄭南榕自囚於自由時代雜誌社。（張芳聞攝影）

這些都是台灣在解除戒嚴後，在體制和法制上出現的矛盾和怪象。直到一九九一年，《動員戡亂時期臨時條款》、《懲治叛亂條例》、《戡亂時期檢肅匪諜條例》陸續被廢止；一九九二年，《刑法》第一百條被修正，才不再有言論「叛亂罪」，台灣才真正落實言論自由和民主法治。

一九八九年鄭南榕自囚於自由時代雜誌社。（張芳聞攝影）

10 人生最後的七十一天

鄭南榕為了聲援，在解嚴後因主張台獨而被捕入獄的蔡有全、許曹德，鄭南榕與黃華等政治受難者，自一九八七年起，陸續於台灣各地舉辦遊行。一九八八年發起更大規模的「新國家運動」，從十一月十六日開始，展開為期四十天的徒步環島，他們穿梭在大街小巷，以和平的方式宣揚「新國家．新憲法．新文化」等主張，想要喚起台灣民眾認同台灣，關心台灣前途。

鄭南榕主張台灣獨立，不只是喊口號，他在一九八八年十二月十日世界人權日，發行第二五四期《自由時代》系列週刊，刊載許世楷所寫的〈台灣共和國憲法草案〉，希望這篇文章能拋磚引玉，讓大家開始能討論台灣新憲法的樣貌。

一九八九年一月二十日，台灣高等法院檢察處向鄭南榕發出「涉嫌判亂」傳票，鄭南榕認為中國國民黨黨國政府濫用公權力，拒絕接受這項指控。他公開宣佈：「國民黨抓不到我的人，只能抓到我的屍體」，行使抵抗權，進行和平非暴力抗爭。鄭南榕自囚於自由時代雜誌社，足不出戶。長達七十一天的自囚期間，他仍正常工作寫稿，按時發行雜誌。

一九八九年四月七日早上，中國國民黨政府軍警情治系統採取不合比例原則的激烈攻堅行動，侯友宜率隊強行拘提時，鄭南榕把自己反鎖在總編輯室，為捍衛他的理念，點燃預先準備的汽油，焚燒自己。這把火，震撼了台灣與國際社會。

一九八九年五月十九日，鄭南榕出殯時，當送行隊伍遊行到總統府前時，經常響應支援鄭南榕的社運夥伴詹益樺，突然點火自焚，表達對威權政府的抗議。不只是詹益樺，當時也有許多人受到鄭南榕的激勵，紛紛投入不同面向的改革運動。鄭南榕所點燃的那把火，讓許多台灣人「活」過來了，也撐出台灣言論自由的空間。

11 剩下就是你們的事了

鄭南榕曾說：「未來發展是難以逆料的，但我們始終堅信，唯有靠人民力量的全面覺醒，臺灣才會有公理正義降臨的一天。」鄭南榕所說的這句話，在不同的時空背景下，依然值得我們深思。

他所做的犧牲，看起來既強烈又決斷，背後是他對這塊土地深厚的愛，他愛他的家人、朋友、同事，希望下一代活在更自由的環境。

他離開後的台灣，迎來了自由民主，卻面對著不一樣的困境。一九九零年訴求民主開放改革的野百合學運、二零零八年為抗議警政濫權的「野草莓運動」、二零一二年維護新聞自由的「反媒體壟斷運動」、二零一四年反黑箱反服貿的「三一八運動」（太陽花運動）、二零一五年反對違法濫權通過國民黨史觀的「反高中課綱微調運動」。每一次的起身反抗，都是台灣社會面對困境時，台灣人精神的展現。

然而，台灣成為更理想的國度了嗎？從此無憂無慮了嗎？

鄭南榕生前追求「民主、自由、獨立、公義」的台灣，現在仍未完成。透過鄭南榕與有志之士衝撞獨裁威權的生命故事，提醒當代台灣人，我們正面臨的挑戰和選擇，決定了我們的未來。

現今，台灣同時面臨了中國更高強度的威脅，包含中國以武力軍演示威、以狼性外交圍堵、以認知作戰分化、以經濟利益脅迫或誘惑，試圖影響台灣人的選擇。面對強權和獨裁者的威嚇，不安和恐懼是難免的，但是沒有人可以置身事外，選擇姑息主義和屈辱就範，無法帶來和平，集結民主自由陣線，發揮台灣槓桿的戰略地位，爭取國際的理解和支持，方能取得台灣與世界和平的長治久安。

一九八九年五月十九日送別鄭南榕遊行隊伍行至總統府前。（宋隆泉攝影）

紀念鄭南榕

独立救台湾
政治受難基金會
台湾要独立
独立救台湾
天仁茗茶

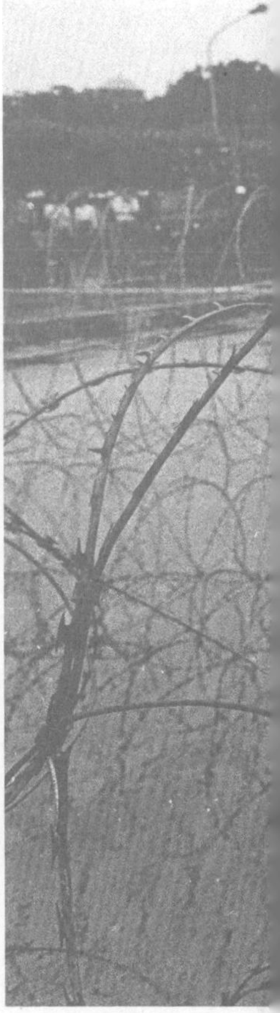

Part 2

鄭南榕的十一個面向

鄭南榕是＿＿＿＿＿＿＿＿的人？

鄭南榕的思想，對我來說是＿＿＿＿＿＿＿＿？

人是立體的，同一個人在你我眼中有著不同的樣貌。

我們邀請你重新思考鄭南榕的各種面向。

先來讀十一位跨領域專家學者眼中的鄭南榕吧。

01

鄭南榕在台灣歷史的意義

#他在困難的年代走出一條活路 #歷史

薛化元

鄭南榕在台灣民主運動中最常被提及的，就是他為了捍衛包括追求台灣獨立在內的百分之百言論自由，抗拒國民黨當局違背民主憲政基本原則的迫害人權，而選擇殉道犧牲。鄭南榕以犧牲自己來體現捍衛言論自由的決心，令人肅然起敬，不過，他在整個台灣民主運動發展歷史脈絡的角色，並不只是如此。更重要的是，他從言論主張出發，不斷地訴求政治改革，追求台灣的主體性，再進一步化為行動，尋求自己主張的落實。這種思想主張實踐與落實的追求，是一種具有行動力的追求，主張帶有強烈的「意欲實踐性」，與一般鼓吹理念的「傳統理論」並不相同。而在言論行動方面，鄭南榕有幾個重要的具體主張：從一九八六年「五一九綠色行動」要求解嚴開始；到一九八七年解嚴前，推動二二八公義和平運動，追求二二八事件的平反；而在解嚴後，因為蔡有全、許曹德提出主張台灣獨立的自由，遭到國民黨當局的鎮壓而再度受難，鄭南榕和

自由時代雜誌社出版系列叢書。（鄭南榕基金會提供）

同志則以抗議行動為主張台灣獨立、自由的蔡許二人平反，並進而轉化成要求在台灣落實台灣獨立的「新國家運動」。

在前述由言論到行動的發展過程中，鄭南榕展現了對歷史問題的洞察性。他當時看到非常體制箝制人權的問題中，戒嚴令是重中之重。不具正當性的長期戒嚴，不僅侵害了憲法保障的基本人權，並限制了台灣政治主體性的發展。為此，他以具體的行動要求解除戒嚴。

而在要求解除戒嚴的過程中，他強力反對國民黨當局以《國安法》來取代戒嚴體制的方案，因為這種形式上的解嚴，根本連原本《戒嚴法》規定的解嚴狀態都達不到。不僅如此，整個非常體制（包括動員戡亂體制）對人權的傷害，也無法因為解除戒嚴而得到根本的解決。鄭南榕對蔣經國強力主導解除戒嚴意義的認知和批判，不僅在當時有現實政治的意義，如今三十多年後回顧，更可以看出他推動抗爭的重要歷史意義。

首先，就制度面而言，一九八七年的解除戒嚴，並沒有完成自由化的根本改革。動員戡亂體制和《懲治叛亂條例》／《刑法》第一百條，繼續箝制言論自由。而積極推動「新國家運動」的鄭南榕，也因為透過雜誌報導許世楷的「台灣共和國憲法草案」，讓台灣社會探討台灣未來國家的藍圖，遭到國民黨當局移送法辦。為了抗拒不義的壓制行為，鄭南榕也才選擇殉道來抗爭。

進一步來看，《國安法》「三原則」納入《人民團體組織法》、《集會遊行法》後，成為台灣言論自由繼續遭到不當限制的重要原因，故而在台灣民主化以後，仍然必須透過大法官釋憲以及修法，持續推動相關改革。

而從平反二二八事件切入，鄭南榕和同志們的努力，是追求轉型正義的重要開端。相對於此，《國安法》體制下的解除戒嚴，卻凍結／扼殺了《戒嚴法》

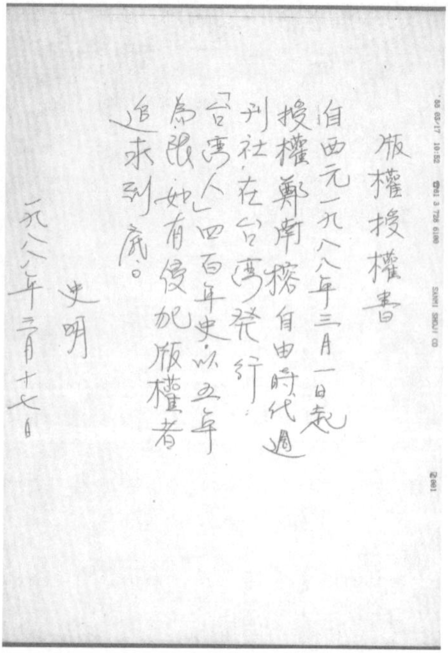
版權授權書
自西元一九八八年三月一日起
授權鄭南榕自由時代週
刊社在台灣發行
「台灣人」四百年史以五年
為限。如有侵犯版權者
追求到底。
史明
一九八八年二月十七日

史明授權鄭南榕和自由時代雜誌社出版漢文版《台灣人四百年史》。（鄭南榕基金會提供）

體制中原本「後戒嚴」的轉型正義機制。白色恐怖遭到軍法審判的平民，受限於《國安法》，在解嚴後無法根據《戒嚴法》「上訴」，不能透過司法體系平反，也無從透過司法對證據的檢視釐清事件原委，甚至瞭解侵害人權事件的責任歸屬。

認識前述歷史脈絡中鄭南榕的思考與行動，正能夠釐清台灣歷史認識常見的盲點，蔣經國宣布解嚴，在台灣自由民主的過程中，不僅實際上沒達到自由化，也沒有民主化。就此而言，長期以來台灣社會對蔣經國改革過高的歷史評價，仍然有待檢驗。而受限於《國安法》體制，轉型正義在一九八七年無法展開，直到今天，縱使歷經促進轉型正義委員會的階段性努力，仍持續推動中。最後，台灣追求主體性，成為國際上被承認的主權國家，到今天，也依然還是理想，有待國人繼續努力。

薛化元

鄭南榕基金會董事，政治大學台灣史研究所和歷史學系合聘教授，二二八事件紀念基金會董事長。主要研究領域為憲政史、臺灣史、近代思想史。

02

開箱鄭南榕，開箱自由時代雜誌社

#行動思想家也是圖書館員　#資料庫

王韶君

近年，鄭南榕基金會（以下簡稱本會）投入「開箱鄭南榕」的工作，發現許多新資料和連結。在意義上，「鄭南榕」代表著個人、自由時代雜誌社、《自由時代》，以及同時代的每一位台灣人共同打拚所留下的記憶。「開箱」一詞無疑是解壓縮那個時代的過程，藉由打開鄭南榕及其時代，一探鄭南榕個人的生命歷程，還有一九八零年代的台灣。

「開箱鄭南榕」的史料類型

「開箱鄭南榕」的史料主要來自原自由時代雜誌社資料室和總編輯室、鄭南榕和家屬，其中，也包含數件來自同時代前輩們提供的資料。上述史料，依類型可區分為：紙質、照片、器物、影音。載體有：紙本、幻燈片、底片、磁碟片、光碟片。形式又可區分為：文字、靜態圖像、動態圖像。

以紙質類型的史料為例，包含：《自由時代》及相關出版品的校對稿或清樣稿、鄭南榕《一九八二年隨日記事》和《一九八六年獄中日記》，以及其他年份的日記和各式筆記原件、往返信件和卡片、各式領據或收據、傳真、書籍，以及各媒體剪報等資料。

要特別說明的是，國家人權博物館自二零二一年起，挹注資源協助本會進行「鄭南榕全宗史料」數位檔案資源整合計畫，現階段已完成掃描的史料以紙質、照片、幻燈片和底片為主，截至二零二四年二月為止總掃描數量至少九萬件。「開箱鄭南榕」的工作仍持續進行中，隨著史料的陸續出土，亦需投多面向的連結和詮釋，賦予意義，以呈現更為多元且立體的鄭南榕及其時代。

自由時代雜誌社資料室

「開箱鄭南榕」的過程，也是在回溯自由時代雜誌社的運作。一九八零年代的自由時代雜誌社是純手工業和人工智慧，以本會現藏的各輯剪報資料為例，各輯剪報的主題關鍵字標籤、各家媒體新聞資料的蒐集與剪貼、《自由時代》

新聞點的撰寫與發稿等作業，都呈現當年自由時代雜誌社的知識生產流程。

再以《自由時代》系列週刊的文章為例，由雜誌社撰稿的文章，經常可見署名「本刊資料室」、「本刊編輯室/編輯部」等字樣。這些部室的職務不盡相同。不過，可以確定的是，雜誌社設有資料室，存放雜誌社務所需各類資料，可說是微型圖書館，總編輯鄭南榕的總編輯室也存有不少資料。有一張鄭南榕拍攝於資料室前的照片，照片右上方可見「資料室」字樣。同時，從「自由時代雜誌社內部示意圖」可知設有「編採部」，負責出刊前相關的編輯採訪工作，資料室和編採室相輔相成，可謂是《自由時代》人工知識庫。

開箱之後，期待各領域投入鄭南榕研究和創作

近年，本會投入「開箱鄭南榕」史料整理、盤點、解讀，也同步進行檔案數位化。目前，可與大家分享的是二零零九年上線的「台灣《自由時代》週刊電子版資料庫」，國立公共資訊圖書館和國立台灣圖書館都有購置，有興趣的朋友可在線上申請帳號、密碼，即可線上閱覽。

自由時代雜誌社總編輯鄭南榕攝於資料室前。
(年代待確認，鄭南榕基金會提供)

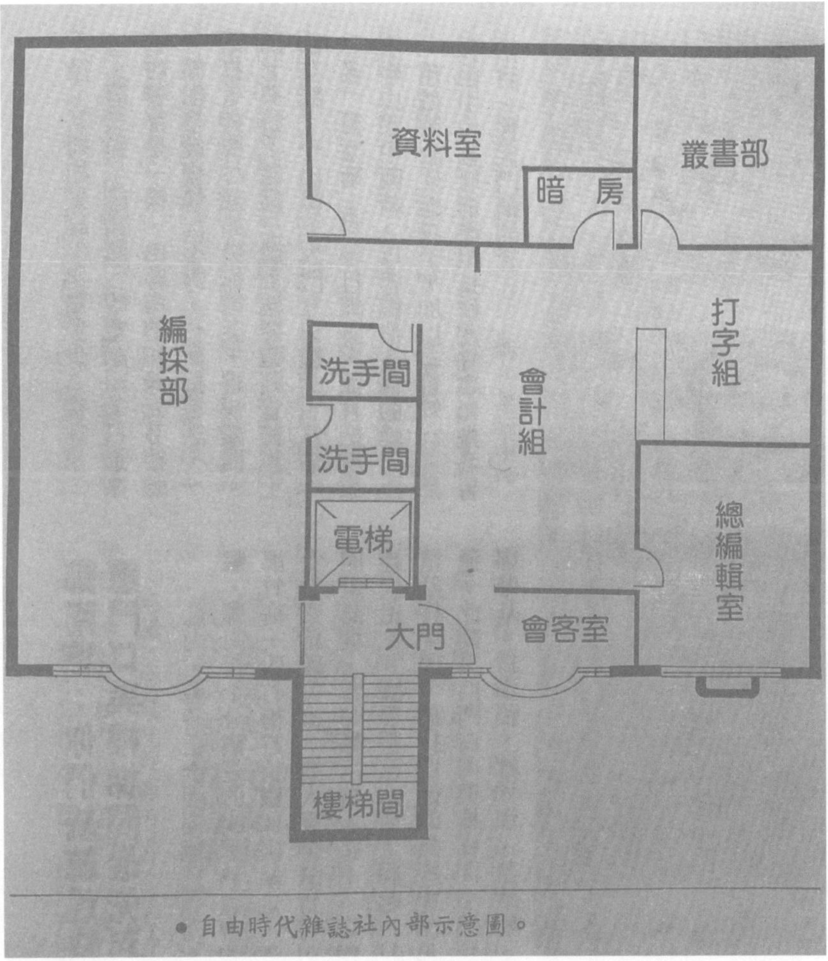

自由時代雜誌社內部示意圖。《自由時代》第二七二期，
一九八九年四月十六日，頁七。

「開箱鄭南榕」的許多史料正在解讀中，還需一段時間才能公開與大家分享。在此，近期本會也因為解讀鄭南榕《一九八六年獄中日記》的過程中，因而重新認識一九八零年初期，鄭南榕對個人生涯、台灣未來的思索和探問，以至他在一九八四年創辦《自由時代》週刊的行動哲學，這些發現都突破目前各式書寫和研究對鄭南榕及同時代台灣的理解。期待未來史料全面數位化和公開化之後，能透過各領域的眼光和方法運用史料，深化鄭南榕和台灣研究。

王韶君

鄭南榕基金會資料組專案研究員，台灣師範大學台灣語文學系博士，近年關注台灣威權時期民生議題，合著《不義遺址：轉型正義的空間實踐》。

03

地表最強出版人：自由時代雜誌社總編輯鄭南榕

#不要忘記他的本業是出版　#靈活的創業者

陳夏民

大概從二零一五年起，台灣出版業便沒有太多好消息，「圖書統一定價制」至今沒有共識，特定書籍通路削價販售書籍導致書業紛爭不斷，新冠肺炎後許多小型、大型書店都關門大吉，就算疫情已告終，至今倒店潮仍沒有停止的跡象。將眼光從業內往外看，通路的銷售報表傳來令人痛苦的數字，再怎麼新鮮有趣的書籍題材與行銷策略，似乎勾不住讀者的心。

「讀者跑哪裡去了？」很多出版人驚慌地問。

面對內外夾殺，出版人的疑問與痛苦，彷彿找不到解決辦法。在絕望的時候，若能喚醒一絲鬥志、激起一滴熱血，都是好事——此時此刻，我們應該重新複習一位台灣編輯的生平。

一九八零年代，有一位總編輯，每天坐在書桌前拿紅筆改稿，辦公室還擺了一台女兒督促他運動而購買的健美腳踏車（根據後來照片判斷，他應該很少

自由時代雜誌社遭警備總部（警總）搜查。（鄭南榕基金會提供）

騎）。加班熬夜是常態，每天辛苦查證新聞內容是否正確；也曾因為出版社太燒錢快付不出薪水，計畫向朋友求援，卻在友人車上呆坐兩三個小時，在台北街頭繞繞停停，一語不發，又黯然下車。

對出版人而言，這樣的生活聽起來很熟悉吧。

當時，每一個台灣人說話前，必先啟動內心警總，自我審查一番，確認不會惹上麻煩才敢開口。面對那些出口成災而被警察抓走的親戚鄰居或朋友，多數人選擇閉上嘴巴，害怕自己也會變成「被消失」的那一個。

但這一個出版人用黨外雜誌，在堅硬的集體恐懼上敲出裂縫，讓光進去。

他是鄭南榕，是那一個向親友借來十八張大學畢業證書，申請了二十多張執照，以備在出版社被勒令停止發行之時，可以讓雜誌換個名字在下個禮拜繼續上路、絕不斷版的出版人註；是那一個認定二二八餘毒未清，終將污染後世，在台灣製造更多受害者的明察秋毫者；是那一位提出「坐船心態與深耕心態，這裡不是一條船，這裡是固定在地球上的土地」說法，邀請台灣人民共同守護腳下土地的捍衛者；是那一個在《自由時代》系列雜誌上勇敢提出「本刊文責一律由總編輯鄭南榕負責，目錄頁數不詳具作者姓名」詳述了言論自由的意義，

註：《自由時代》系列週刊是台灣運作最長壽的黨外雜誌，自一九八四年三月十二日創辦，一九八九年十一月十一日停刊，歷時五年八個月的時間，發行了三百零二期，鄭南榕在獄中、社會運動行走全台灣或是自囚期間，從不曾脫期。總編輯鄭南榕創辦之前，即思考如何應對國民黨的做法。依當時出版法（現已廢除）規定，最重的處罰是勒令停止發行一年。在創辦之前，鄭南榕先蒐集親友十八張大學畢業證書，創辦後陸續蒐集。有此策略，讓鄭南榕在收到停刊公文或查禁單後，雜誌下一週就可換一個名字繼續出版。因此，有《自由時代》、《發揚時代》、《進步時代》、《創新時代》、《鄉土時代》等不同名稱。讀者只要認明「時代」兩字，就知道是鄭南榕辦的雜誌。

同時保護自家作者的總編輯；他更是那一位為了爭取百分之百言論自由，自願走入火焰之中，以生命作為抗爭運動最後的燃料，終於集結了力量，讓戒嚴走入歷史的平民英雄。

鄭南榕離世三十五年後，同樣在社會轉型之際，出版人所面對的，不僅有外來的政治侵擾，業內、通路、讀者端似乎也浮現諸多問題有待解決，狀況的確比近四十年前的台灣更複雜、難解得多。

但請不要妄自菲薄，畢竟就在我們土生土長的這片土地上，曾有一個編輯結束了地表最長的戒嚴時期，為後世的出版人換來珍貴的言論自由，讓我們得以不受審查而出版一本書。無論你支持鄭南榕的政治理念與否，不可否認的，我們做出版的人都承接了他的意志，活在他以命交換而來的自由的出版環境裡。

傳奇，其實離我們不遠。面對當今困境，我們不一定得引火自焚，但如果你覺得疲憊了，或許可以參觀鄭南榕紀念館，他的編輯室還在那裡，好好看看那一台被烈火燒得變形的健美腳踏車，然後回頭想想自己下載在手機上的跑步

一九八九年四月七日，鄭南榕於自由時代雜誌社總編輯室自焚殉道的現址。
（鄭南榕基金會提供）

記數APP，有多久沒開啟了。

跑吧，趁著還有力氣，跑吧。總不能讓以後入行的出版人，怨恨我們這一代留下一個超級爛攤子。再怎麼疲憊的時刻，請不要就此放棄，如果近四十年前那位編輯可以，沒有道理，我們不行。

陳夏民

桃園人，在故鄉經營獨立出版社comma books，現任獨立出版聯盟理事長。

04

#總編輯不在記者也不會停工　#管理學

讓記者成為真正的記者：鄭南榕與新聞媒體

鄭任汶

這兩年參與鄭南榕基金會開箱鄭南榕和《自由時代》出版社的文物，我翻著斑駁的紙張、模糊的字跡、殘缺的手稿、焦黑的文物，怵目驚心，也膽顫心驚。目睹在戒嚴時期和解嚴之初，黨政軍特的黨國體制，如何用槍抵住那個時代的每位記者、編輯、美編、工讀生、印刷廠、經銷商，脅迫或利誘。統治者依其好惡，讓人入獄甚至喪命，就是不容人民有反對和反抗的念頭。

《自由時代》系列週刊，創於一九八四年三月十二日，一九八九年十一月十一日停刊，歷經五年八個月，共三百零二期。我因參與整理鄭南榕和《自由時代》雜誌社的部分文件、手稿、紀錄、郵件、文物，對一九七零到八零、九零年代，新聞工作者遭遇的挑戰與壓制有臨場感。當時震驚海內外的重大事件：一九七九年美麗島事件、一九八零年林宅血案、一九八一年陳文成事件，都是中國國民黨當局為保衛政權，以鎮壓和屠殺的方式恫嚇反對反抗者。在風

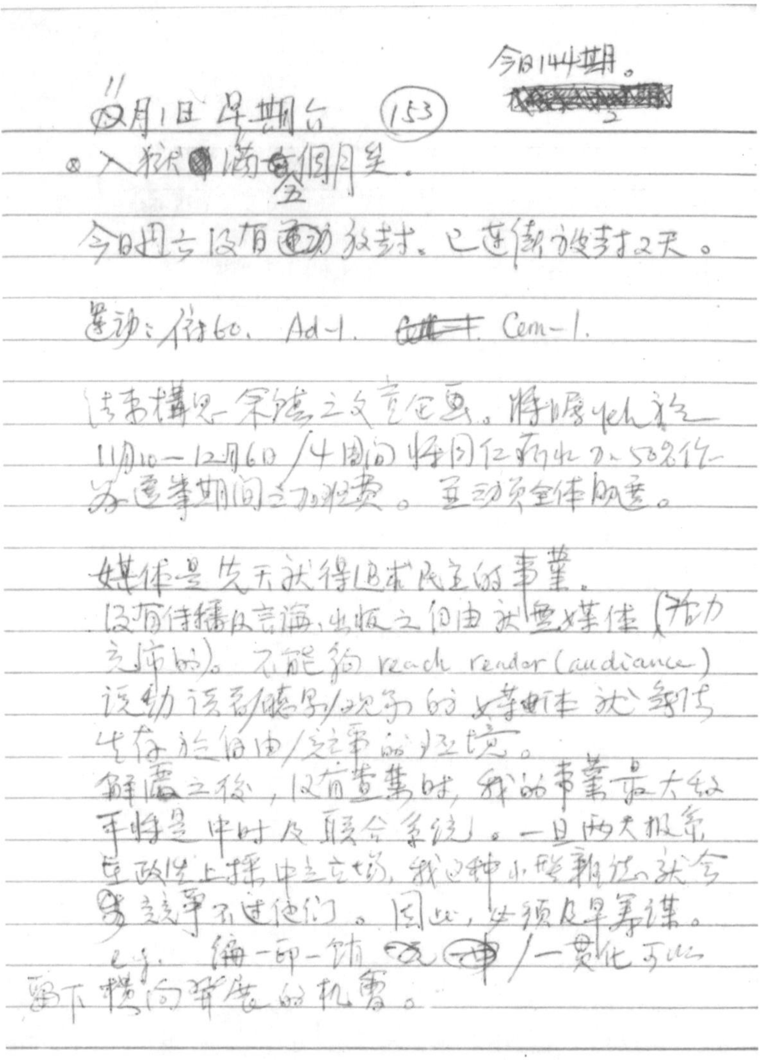

11月1日 星期六 (153)

。入獄滿五個月矣。

今日週六沒有運動放封。已連續放封2天。

運動：俯60、Ad-1、Cem-1。

請南構思一篇選舉之文章企畫。將購yeh於11/10—12/6日/4周間將同仁預先加50%作為選舉期間之加班費。並動員全体職員。

媒体是先天就得追求民主的事業。
沒有傳播及言論、出版之自由就無媒体(活動之舞台)。不能夠reach reader (audiance) 說動讀者/聽眾/觀眾的媒体就無法生存於自由/競爭的環境。
解嚴之後，沒有黨禁時，我的事業最大敵手將是中時及聯合系統。一旦兩大報系在政治上採中立立場，我這種小型雜誌就會競爭不過他們。因此，必須及早籌謀。
e.g. 編一印一銷一貫化可以留下橫向發展的机會。

鄭南榕，《一九八六年獄中日記》，一九八六年十一月一日。（鄭南榕基金會提供）

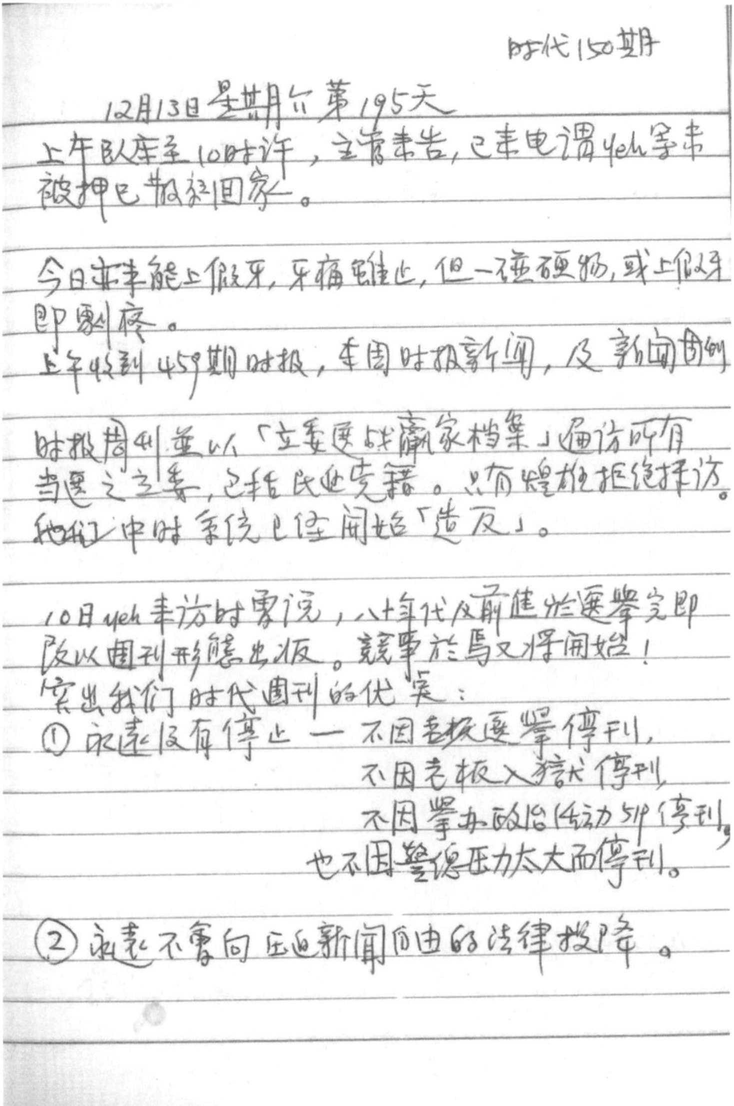

时代150期

12月13日 星期六 第195天

上午队座至10时许，主管来告，已来电谓yeh等未被押已报移回家。

今日未来能上假牙，牙痛虽止，但一碰硬物，或上假牙即剧疼。

上午收到459期时报，本周时报新闻，及新闻周刊

时报周刊并以「立委选战赢家档案」遍访所有当选之立委，包括民进党籍。只有煌雄拒绝採访。他们中时系统已经开始「造反」。

10日yeh来访时曾说，八十年代及前进於选举完即改以周刊形態出版。競爭於焉又將開始！

突出我们时代周刊的优点：

① 永远没有停止 — 不因老板选举停刊，
不因老板入狱停刊，
不因举办政治活动停刊，
也不因警总压力太大而停刊。

② 永远不会向压迫新闻自由的法律投降。

鄭南榕，《一九八六年獄中日記》，一九八六年十二月十三日。（鄭南榕基金會提供）

聲鶴唳的臺灣社會，竟有鄭南榕跳出來，創辦更犀利的黨外雜誌，監督時政和報導真相，根本就是不惜生命出來對決的勇氣。

這些倖存的史料見證台灣民主歷程，也是當年政治與媒體互動的重要線索。看著這些文物，我會想，在那個時代，這些記者是承受怎樣的壓力？

在《自由時代》目錄頁有：「本刊文責一律由總編輯鄭南榕負責」這醒目的粗黑字。若沒有雜誌社總編輯鄭南榕勇於扛下可能的責任，《自由時代》系列週刊能否順利報導的重大新聞，如：江南命案、揭露國民黨當局可能介入的任何事件，或者報導二二八事件、白色恐怖慘案、蔣家秘辛、國防弊案、環保弊案、政治黑幕等，甚至刊出〈台灣共和國憲法草案〉？沒有雜誌社與膽大心細的總編輯當靠山，記者和編輯能否勇敢寫出真相、揭露事實？

「媒體是先天就得追求民主的事業」、「沒有傳播及言論、出版之自由，就無媒體。」，這是鄭南榕的手寫筆記。對比當時威權政黨的肅殺，再對比鄭南榕與《自由時代》雜誌社如何在新聞產製過程中保護記者，我們可頓時理解：沒有採訪和寫稿自由的記者，就不會是一個真正的記者。

鄭南榕攝於自由時代雜誌社，由台灣人權促進會
陳永興會長與李勝雄副會長所贈匾額前。
（潘小俠攝影）

事實上，在自由時代雜誌社工作不是沒有恐懼的。因為，會被抄家、會被監控。每一張查禁單的背後，都是新聞自由與槍砲周旋的鐵證，每一篇採訪或手稿的筆跡，都是《自由時代》力抗黨國體制的實證。

鄭南榕很清楚，除了要機靈對抗黨國脅迫，還必須以專業取勝，才能獲訂戶與讀者青睞。開箱這些史料，我見證這個設計完整的媒體，包含：總編輯、記者、編輯、美編、打字員、暗房、資料組、委外印刷廠、銷售通路、零售商等的編制；有新聞規劃、新聞採訪寫作、編輯與美編、員工訓練課程，更有縝密的經營計畫和成本控管機制。周嚴的計畫和分工編制，見識到經營者（鄭南榕）力求掌握每一個細節，讓新聞產製過程標準化，並接近完美。也讓雜誌社，「不因警總壓力太大而停刊」、「不因老板入獄停刊」。

鄭南榕在《一九八六年獄中日記》寫著：「永遠不會向壓迫新聞自由的法律投降」。除了法律，自由時代雜誌社還必須頂住主流媒體的圍剿。當時平面媒體的龍頭，幾家報社老闆是執政黨國民黨的中常委，經常得扮演統治者的打手，醜化反對者，攻擊其他媒體。當新聞媒體不敢忠實報導，卻成為威權統治者壓迫新聞自由的幫兇，這是何等荒謬？

百分之百的言論自由，必須建構在百分之百的新聞自由之上。在那個時代，讀者是勇敢的、記者是無懼的，總編輯更是無畏不怕死的。因為，只有讓記者擁有採訪寫作的自由，記者才能真正成為真正的記者。

在假新聞與紅色滲透的今天，我們有責任透過資料把事實講出來，提醒當代台灣人自由民主的可貴，而過往前輩們力抗的威權黨國體制，甚至會變形，挾更強大的科技、武力進犯，以更高的強度壓迫台灣人民。

鄭任汶

鄭南榕基金會董事。曾任新聞媒體工作者，研究領域為媒體與傳播、政治學與臺灣政治等，現為台北城市科技大學副教授。

05

#邀請民眾凝視悲劇的根源與後果 #轉型正義

以愛清創：鄭南榕與二二八平反運動

林瓊華

一九四七年的二二八事件，是連續被殖民的台灣在戰後遭逢最巨大的島殤。同一年出生的「混血兒」鄭南榕，終生都在二二八帶來的衝擊中，從呼籲突破戒嚴到為二二八平反、主張台灣獨立，每一個行動，都是鄭南榕自由的靈魂燃燒高度意志的信念實踐，迄今對台灣仍影響深遠。

二二八帶給台灣人的精神斲喪

一九八七年二月四日，鄭南榕與台灣人權會會長陳永興、李勝雄律師發起「二二八和平紀念日促進會」，並擔秘書長。他在當年《自由時代》第一五九期寫下〈以和平紀念二二八〉（一九八七年二月），說明二二八事件在國民黨政府長久壓制下，使島上的本地人和外省人都失却安全感，恐懼與仇恨潛藏在內心深處，最終使台灣成了一個對長遠未來缺乏信心、對居住土地缺乏深刻認同感的社會。人們對政治冷漠、民主政治理念與道德觀扭曲。鄭南榕認為解決二二八遺害的第一步，便是要求政府公布真相。

二二八和平紀念日促進會於一九八七年二月十三日在台大校友會館正式成立，隨即展開一系列紀念活動，包括演講、祈禱會、出版專書、和平遊行。二月十四日，在日新國小舉行的第一場演講會，要求政府公布真相外，也提出向受難者道歉、賠償，制定二二八和平紀念日，並興建紀念館、紀念碑等訴求。以今日視之，這場運動，可謂是台灣最早的轉型正義行動。

鎮暴部隊無法阻擋群眾追求真相的意志

二月十五日在台南市舉辦的第一場二二八遊行，由鄭南榕、林宗正牧師、黃昭凱領軍，在戒嚴期間的台灣踏出第一步，湯德章律師的殉難處為遊行終點。

二月二十六日由鄭南榕、李勝雄、江鵬堅和群眾在嘉義市的第二場遊行，卻遭到鎮暴警察的強力圍堵。眾人收拾旗幟、標語後，化整為零地紛紛至嘉義

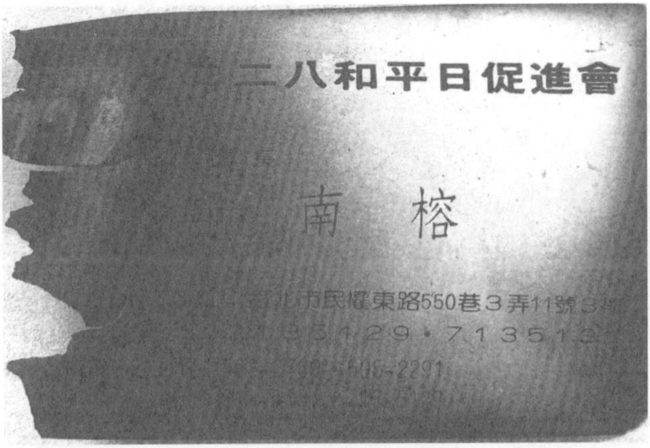

從自由時代雜誌社編總輯室搶救出來的二二八和平日促進會
秘書長鄭南榕名片，有燒燬痕跡。（鄭南榕基金會提供）

二二八和平日促進會公開聲明

三月七日下午三點卅分左右，在彰化縣政府前廣場，發生的一起軍警特務對本會的和平遊行隊伍公然「集體施暴」，致使本會會員數十人受傷，其中十二人受傷嚴重（送彰化基督醫院急救），一輛宣傳小貨車被數十名警察用警棍擊毀之不幸事件，本會在此提出嚴重的抗議。

整個事件的過程約五分鐘：大約三百個手持警棍、盾牌的武裝警察及四、五十個穿便衣的情治人員，在中警部彰化團管區司令金夢石、彰化縣警察局楊同達、彰化市分局長連為東的率領之下，發動了這場公然「集體施暴」事件。約有千餘名彰化市民在現場目擊整個施暴事件的過程；本會和平遊行的成員在手無寸鐵、只持鮮花的情況下，遭受到嚴重的傷害，而整個事件的過程本會已完整的錄影下來，目前正敦請本會律師團整理，必要時提出控告。

在「二二八事件」發生後的四十週年，國民黨的軍警特務，再一次用他們的棍棒，對和平的台灣人民施暴。本會對國民黨當局不但拒絕台灣人民伸出和平友善的雙手，甚且以棍棒加之的行為，深表遺憾。不過，本會的宗旨和目標，並不因此次國民黨的暴力相加有所改變，我們仍將本著和平的精神，繼續為尋求台灣人民失落的尊嚴而努力。而我們在此也要向執政當局提出鄭重的警告，倘若國民黨當局竟然利用此次事件，遂行其假冒司法而實為迫害的惡劣手法，本會已準備好一切的證據，必要時，將發動全面性的抗議行動。

本會願意在此再強調一次：

台灣人民的力量在覺醒中，殘暴恐怖的統治鎮壓不可能永遠有效，和平友善的雙手最終也會變成拳頭。

二二八和平日促進會
會　長　陳永興
副會長　李勝雄
（律師團召集人）
秘書長　鄭南榕
一九八七年三月九日

圖說：「二二八和平日促進會公開聲明」（一九八七年三月九日）。（鄭南榕基金會提供）

火車站集合，這裡曾是公開槍決畫家陳澄波、潘木枝醫師等十六人的刑場。鄭南榕向二二八受難者英靈獻花：我們來晚了，我們做得不夠。

自二月二十七日至三月七日，鄭南榕和夥伴們在高雄、屏東、彰化等地密集進行二二八演講和遊行。三月七日在彰化縣政府前訴求公布真相、平反受難者冤屈的遊行，又遭到鎮暴部隊的毆打，這也是二二八平反運動以來最大的一場衝突。

台灣邁向自由的路途中，有太多未名的前人擔起的苦痛與血淚。

以愛清創的二二八平反運動

一九八九年四月七日，堅持百分百言論自由、主張台灣獨立的鄭南榕，自焚殉道。一九九零年，行政院啟動二二八研究作業，前總統李登輝在一九九五年公布「二二八事件處理及補償條例」，行政院據此成立「財團法人二二八事

後排左起，鄭欽仁（左四）、鄭南榕（左五）、陳永興（左六）、李敏勇（左九）等人出席二二八紀念碑暨林茂生紀念碑的破土典禮。（宋隆泉攝影）

件紀念基金會」，處理受難者申請補償／賠償事宜。但是，鄭南榕生前一再強調的真相，並未在官方版的研究報告公布後，得到社會大眾或教育體制的普遍認知與重視。

二二八是台灣戰後最痛切的第一道集體創傷，一如鄭南榕為台灣在短時間內密集卸除政治枷鎖所做出的許多決定，其信念與價值的基底，是無窮盡的，愛的意志。他以愛為二二八島殤努力清創的史頁，也是今日台灣轉型正義運動中令人永誌不忘的里程碑。

林瓊華

鄭南榕基金會董事，台北藝術大學通識教育中心兼任助理教授，前促轉會研究員。除台灣史教學，投注較多時間與心力於台灣轉型正義運動。

06

＃把洗腦體制敲出裂縫的人　＃大嘴巴

言論自由與民主制度

陳俊宏

儘管許多研究顯示，當前全球民主正值退潮中，台灣卻是亞洲穩定成長的民主國家。根據V-Dem（Varieties of Democracy）二零二三年度報告中，台灣位居亞洲第三，在自由之家（Freedom House）的報告，台灣是僅次於日本位居亞洲第二的民主國家；而在經濟學人二零二二年的民主指標報告中，台灣甚至是亞洲唯一全面民主（full democracy）的國家。

台灣雖是亞洲最民主國家之一，然而回首歷史，台灣在上個世紀曾經歷過人類文明史上最長的戒嚴統治。回顧戒嚴時期，政府一方面以公權力嚴密監控人民，頒布各式禁令，箝制人民一言一行；另一方面，又透過媒體傳播、文化及語言政策、學校教育等方式與管道，進行各種思想的灌輸，以塑造符合政府標準的意識形態。藉由壓迫體制所營造的恐懼與無力感，使得人民生活於不尋常中反倒習以為常，從外在的壓迫進而進行自我的內部審查，戒嚴體制在人民生活與心理層面，皆落下深淺不一的白色烙痕，而人民的沉默與各種形式的謊言，就成為支持壓迫制度的重要基石。

鄭南榕的行動哲學

然而在高壓體制之下，總有意志堅定抵抗威權的先行者，前仆後繼，死而後已，其中鄭南榕一生抵抗黨國專制獨裁統治的志業，是「台灣人精神史」的重要典範。鄭南榕以他的意志與信念，拒絕生活在恐懼之中，採取許多抵抗行動，直接挑戰當時的戒嚴體制。在衝撞體制的過程中，他有幾項「創舉」：一九八四年三月十二日以「爭取百分之百言論自由」為目標，創辦自由時代雜誌社並發行《自由時代》系列週刊，歷時五年八個月，共發行三百零二期，從未停刊；一九八六年三月，鄭南榕和江鵬堅等黨外人士，籌備發起「五一九綠色行動」，這是台灣人第一次的「反戒嚴」運動；一九八七年二月他與陳永興醫師、李勝雄律師成立「二二八和平日促進會」，這是台灣社會首次公開紀念二二八。

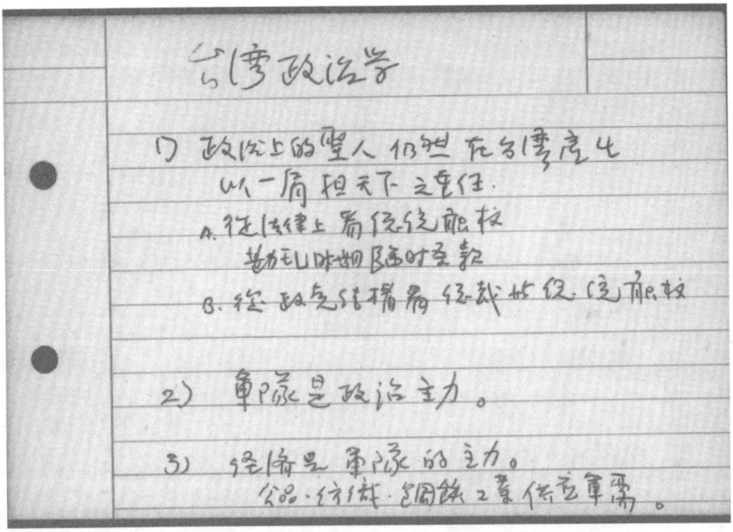

鄭南榕，「筆記小卡：台灣政治學」。（鄭南榕基金會提供）

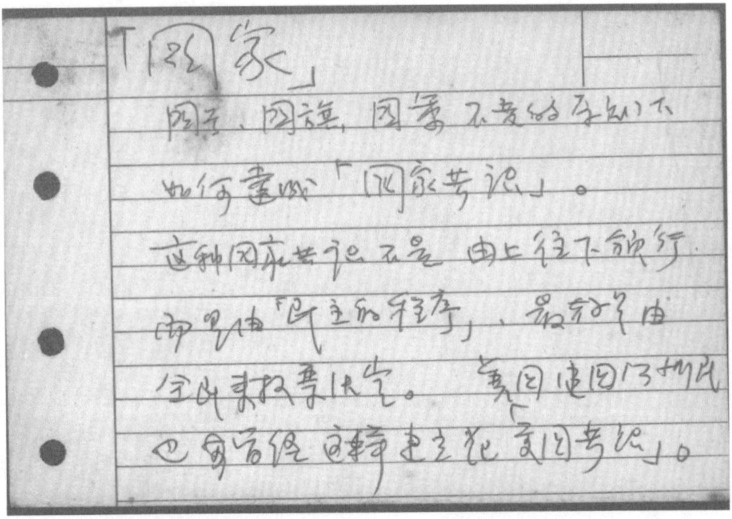

鄭南榕，「筆記小卡：『國家』」。（鄭南榕基金會提供）

這些「創舉」撐出台灣言論自由發展的空間，然而解嚴後，並沒有迎來真正的自由與民主。一九八九年四月七日，他以自焚的方式，捍衛理念，寫下人類追求言論自由的偉大篇章，雖然沒有立即改變社會，卻啟發後代的台灣人，一棒接著一棒，共同努力打造自由民主的國度。如同哈維爾在《無權力者的權力》所描述的，面對壓迫體制的方式就是「活在真實中」，鄭南榕用其一生追求真理，抵抗謊言，展現的是一種無權力者的行動哲學！

剩下就是我們的事了

由於社群媒體改變了以往的溝通方式，也挑戰了傳統言論自由理論的基本主張，以演算法的方式，利用快速、廉價和大量的言論來控制他人的言論，誤導和操縱聽眾，並破壞有意義的公共討論，持續影響民主治理的正常運作。然而台灣民主體制的守護，是我們每一個人的共同責任，因此當言論自由被民主的敵人利用以挑戰甚而毀滅民主制度時；當社群媒體出現大量的假新聞、假訊息，以影響民主選舉或民主治理時，我們應該如何應對始能兼顧民主鞏固與保

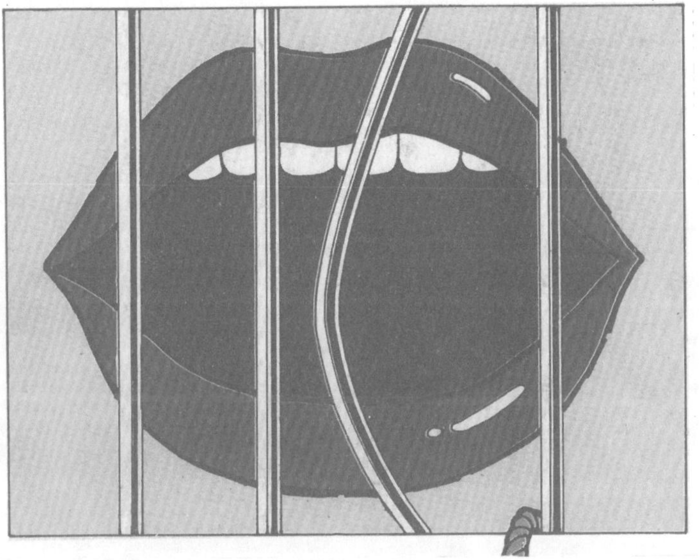

「大嘴巴」是鄭南榕和工作團隊所創的意象，被扳開的牢籠和繩索，象徵台灣人在戒嚴體制下，突破黨國對言論自由的限制。《自由時代》自創刊之初，即以對抗黨國體制和爭取自由為志，發行到第五十期之後，多期的雜誌封底都印有這鮮明的圖像。

障言論自由？此時當我們走進「自由紋理２．０」的展覽，「開箱鄭南榕」之際，我們不僅是要紀念鄭南榕，我們更要面對省思的是鄭南榕所追求言論自由的價值。

陳俊宏

鄭南榕基金會董事，東吳大學政治學系教授，前國家人權博物館館長，主要研究領域為人權理論、民主理論、當代政治理論。

07

記得自由遺產的紋理：自由時代雜誌社與自由巷

#走進他的雜誌社體驗自由的滋味　#空間記憶

曹欽榮

鄭南榕於一九八四年成立自由時代雜誌社，是台灣衝破戒嚴體制、爭取言論自由的重要歷史現場，鄭南榕和自由時代雜誌社留給我們有形的遺址，無形的自由價值。一九九九年在自由時代雜誌社原址成立鄭南榕紀念館，保存這處歷史遺址，並開放參訪，用以述說空間的記憶。二零一二年「自由巷」在自由時代雜誌社前方巷弄揭牌；二零二二年基金會開箱鄭南榕文物所策劃的「自由紋理」全國巡展，從紀念館走出，擴散自由的思想和精神。

一九九九年鄭南榕紀念館的設計規劃

作為新聞人對抗國家暴力的歷史遺址，自一九九九年規劃為紀念館，營運迄今。紀念館完整保存鄭南榕自焚的總編輯室現場，並展示雜誌社相關物件、鄭南榕的隨身物品與手稿、相關社會運動照片等。設計規劃之初，即是希望讓

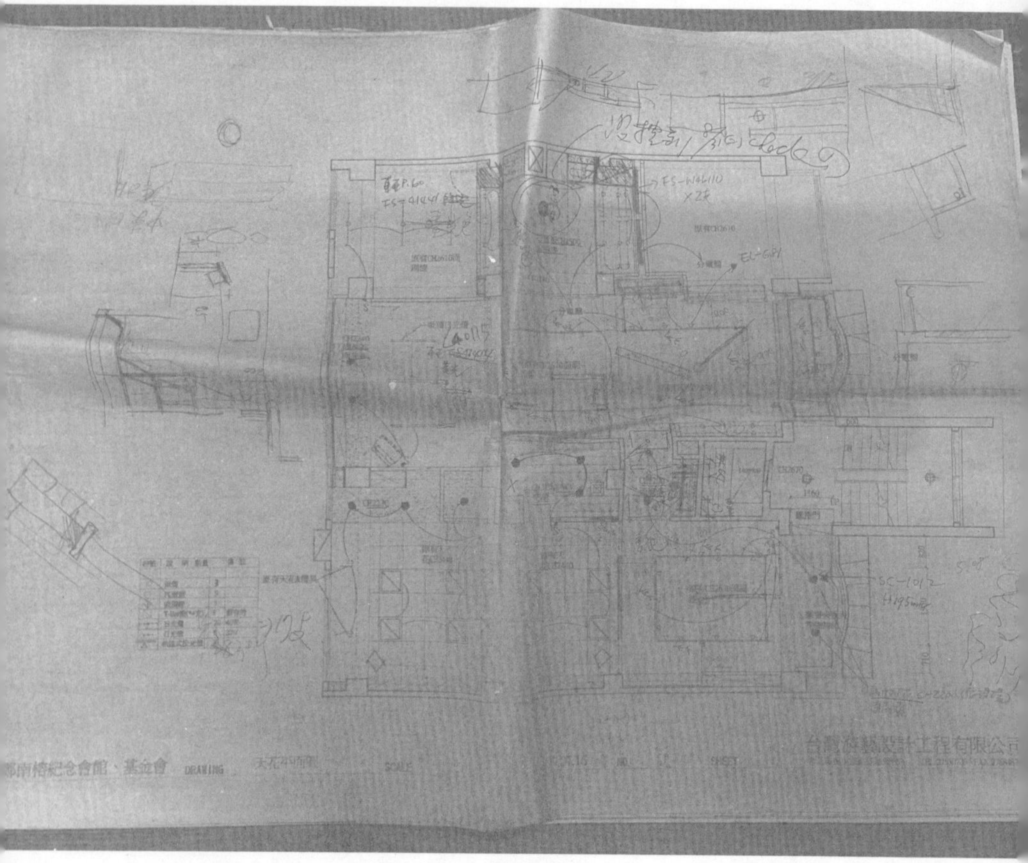

一九九九年，台灣游藝規劃鄭南榕紀念館之設計圖，
可見多次修改歷程。（鄭南榕基金會提供）

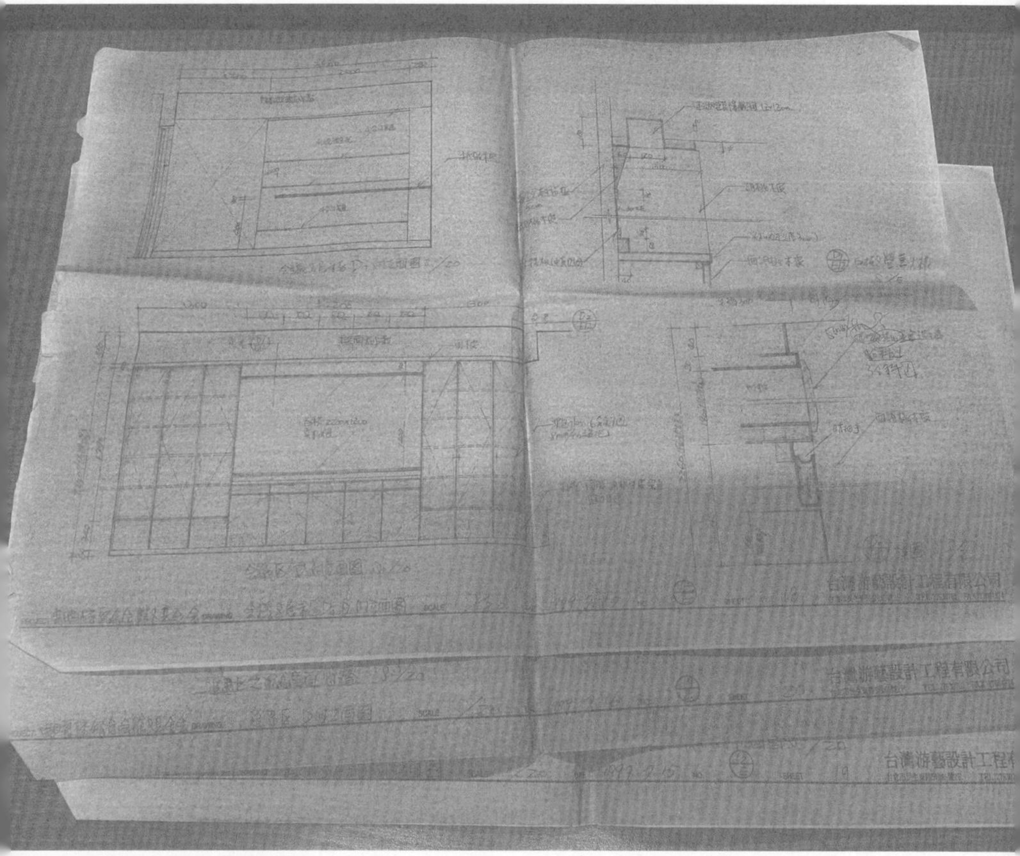
台灣游藝設計工程有限公司

有形空間焚燒後的氛圍、氣息，提供參訪者思索：非武力抗爭的崇高生命美學為何、雜誌編輯和營運的幕後作業、前人爭取自由的行動意義等問題。期能藉由空間氛圍述說記憶，透過導覽解說，與觀眾互動，隨著時間變化展開記憶的感知之旅。

二零一二年，「自由巷」在紀念館揭牌，筆者時任執行長，亦參與「自由巷」的設置過程，連結地方和民眾對於這個歷史遺址的空間標誌和記憶。

讓記憶走出紀念館，讓參訪者帶走故事

每年都有許多國內外訪客到紀念館參觀，在互動過程中有眾多迴響，與訪客的對話裡，也觸及紀念館與台灣當代「轉型正義」有關的議題，參訪者經常提出紀念館空間和無形遺產組合而成的紀念館，給予的能量和挑戰，是當代困難遺產述說困難歷史，消化困難知識的新課題。

有形的物件都有消逝的可能，紀念館作為展示空間，也在月日中逐漸碎化。為保存空間記憶，二零二三年四月七日國定言論自由日，在國家人權博物館的

二零一二年在鄭南榕紀念館外設立的「自由巷」。（曹欽榮攝影）

支持下，與鄭南榕基金會共同完成「鄭南榕紀念館線上3D導覽」網站，本網站規劃「導覽路線」和「自由參觀」兩種參觀路線，結合五種語言導覽，以數位保存有形空間、文物之同時，也期能透過網路媒介向世界傳遞鄭南榕的精神和故事。

二零一二年在鄰近鄭南榕紀念館的捷運「中山國中站」設立「自由巷」。（曹欽榮攝影）

歷史遺址作為記憶的空間載體

鄭南榕紀念館可謂是新興「遺產媒介」，圍繞著感知、情感、同理心、社會交流和文化適應等探索主題，這也是紀念館希望觸發參訪者主動思考，鄭南榕提出「百分之百言論自由」、爭取新國家、新文化、新憲法的理念和動力來自哪裡？鄭南榕生前運用雜誌社「新聞無偏 消息無畏」的媒介精神，逐步衝破歷史上的禁忌，堅持「自由人」的道德理念，並為此獻身，這些精神都凝集在紀念館，用以達到追求記憶的過程，將會成為我們寶貴的歷史記憶，永續不輟。

曹欽榮

鄭南榕基金會董事，空間設計師、書寫歷史空間和記憶文化工作者，著作《流麻溝十五號：綠島女生分隊及其他》，改編為同名電影《流麻溝十五號》，並在日本、荷蘭等國上映。

08

鄭南榕與台灣文化

#他帶你我真正看見了台灣 #發聲練習

李敏勇

出生於一九四七年的鄭南榕，大學時代修習哲學，他在台大的學程因拒修「國父思想」，而未能畢業。「信念」在他的腦海裏是執著的存在，也因此形塑了他人生的樣態。

台灣的特殊歷史構造，唐山渡海來台的祖先們和原住民共同形成了生活文化的母音，歷經清治、日本殖民、中華民國類殖民統治，涵育了不同的文化，但也形成了被殖民症候群的「逆來順受」順受性格，讓流亡殖民症候群的黨國論，藉戒嚴獨裁長期宰制。

一九八九年四月七日，以中國國民黨政權只能「Over my dead body」，像一隻火鳥火浴升天，鄭南榕在火燄中啓示他的行動美學，以及抵抗的哲學，這也是「自由」的意義在台灣這個悲情之島的新奠基。後美麗島事件，一九八然加壓是借用道德名義。

今天的台灣社會，就存在有許多因爲壟斷政治權力所遂行的不當社會體制壓力。做爲最基本人權的自由權，受到許多限制和破壞。無論是肉體的迫害或精神的摧殘都不斷發生。而壟斷政治權力透過對經濟和文化的結構性壓力更製造出一個無法正常反應發揮抵抗和自我批評的社會環境。在這種環境裏，人權工作者所從事的救援，自由權成爲重要的部份。

爲了確保最基本的人權，我們必須釐清個人與社會，人民與國家的正確關係，追索正常概念。我們已無法，也無須回返到初級人類社會，在疏離散漫的空間生活；但是近現代文明社會並無須個人做無限制的犧牲，國家無權要求人民做無限制的自由權的剝奪。

自由權是最基本的人權。從這樣的信念出發，才能建設健全社會。從這樣的信念建立的國家，才能凝聚人民的力量，展現光明的相貌。

頁碼
彩色 黑白
期別

台北風聲
台北風聲
台北風聲
台北風聲
台北風聲

文／本刊攝影 圖／本刊攝影
文／本刊編輯 圖／本刊編輯

總編輯
主編
編輯
美術編輯

7(66)

北風聲 北風聲 會遊戲 會遊戲 戰衝突 戰衝突
封面故事 封面故事 封面故事 封面故事
托斯基專欄 托斯基專欄
特別報導 特別報導 特別報導 特別報導
黨外動態
自由觀點 新聞眉批 經濟觀點 李敖出擊 專題報導
台灣現象 台灣現象 台灣現象 台灣現象
天下傳眞 天下傳眞 特別推荐 特別推荐 自由談 自由談
焦點新聞 焦點新聞 焦點新聞 焦點新聞

鄭南榕創辦

圖說：《自由時代》週刊「文化類副刊」，李敏勇，〈做為最基本人權的自由權〉打樣稿。
(鄭南榕基金會提供)

做爲最基本人權的自由權

■李敏勇

做爲

自由權是人權的基礎。

傳統的自由觀念，是除外於各種體制之外的自由，在初級農業社會，群體之間的關鍵性比較單純。即使中央集權的歷代中國政權，也沒法對社會全體達成有效的控制。在天高皇帝遠的農村僻壤，自由事實上是疏離的同義詞。

近現代的自由觀念，是連帶於各種體制內的自由。因爲，社會的演進，群體生活的共同體形式所形成的結講，已不容許個人絕對脫離社會面存在。無論客觀的外在的經濟條件；或主觀的內在的文化條件或兼具主客觀的相關的政治條件，個人是命定容納在積極性群體社會的存在。

個人的生活存在於群體資源的生產和分配體系裏；個人的生活存在於群體意義的辨證關係所呈顯的價值，風格和象徵體系中，個人的生活更存在於群體秩序的正義、安全和公平體系內。在近現代這種複合多層的體系中。個人的自由權的理論和實踐，更是重要的課題。

當我們從農業鄉村社會跨進工商業都市社會，個人與社會關係面臨的潰變至爲明晰。原先相互熟悉的個人在巨大彈性的群體關係裏，結構的準則是任意而消極的；但在新的都市，互不相識的許多個人在龐大的新的符號系統，產銷結構與從屬關係的體系牽結，結構的原理是命定而積極的。

特別是在社會的最積極形態一一國家的體制之中，個人的自由權的保障和維護的重要性，值得探索。因爲極權體制常常僭越社會的名義，不當地箝制人民的自由。透過政治權力的壟斷，公然以律法形式剝奪人民政權和擅斷治權，以遂行有效的自由權的限制。甚至透過政治權力運作，從經濟上和文化上一併實施控制，讓人民自由權的剝奪徹底而週延。

要建立近現代的，符合公理與正義社會的理論，要從最基本人權的自由權的認識著手。要確定在個人和社會關係上，亦即人民和國家關係存在著權利和義務的對應。國家是一切未喪失個體主權的人民的組合；人民先國家而存在，人民優於國家而存在，在這樣的認識之中，最基本人權的自由權，才有正當的基礎。

因此，所有僭越國家名義的，欲圖破壞個人自由權的無限擴張的社會體制，都是可非議的惡。尤其，當壟斷政治權力的個人或集團，陳示的國家目標和泛社會目標，人民目標之間無合理的等同性和一體化時，透過國家目標而欲圖加壓於個人的傷害是不具有道德性的，雖

(67) 6

星期六出刊 年 月 日

12 10 14 15 16 17 18 19 3

零年代展開的台灣民主化、自由化交織的新歷史，鄭南榕以火鳥的聖歌為台灣吟唱行動與實踐的新文化意涵。

他從二二八事件體認到「和解」、「共生」在台灣民主化之路的重要性，也體悟到「新國家」共同體形成的必要性。以「公義」、「和平」的宗旨，在一九八七年形成的社會運動，更交織他「自由時代」的新精神。

台灣的特殊歷史構造形成台灣重物質、輕精神的一面。明哲保身的習性形成被殖民症候群的病理。一九四五年終戰後，在祖國的迷惘中形成悲劇性開端，肇因於前近代性文化性格。鄭南榕深知文化覺醒與行動實踐的重要，並以身殉道，留給台灣人民啟示。

一九二一年，台灣文化協會曾經推行台灣新文化運動，想藉由自我改造，形塑近現代市民社會，惜因戰後受挫於標榜祖國類殖民統治的迷障，無法形塑台灣自由人的近代市民性格。鄭南榕的人間像呈現台灣進步性格，顯示新文化樣貌，近代社會的市民性。

台灣從農業社會走向工業社會，甚至進入後工業社會；也從鄉村性走向都

二二八和平日促進會活動檢討會議記錄

時　間：一九八七年三月三日下午三時
地　點：台北市民權東路五五〇巷三弄十一號三樓本會會址
主　席：陳永興會長
秘書長：鄭南榕
出席會員團體（括弧內爲代表出席人員）：
台灣人權促進會（陳永興）
許國泰、張貴木服務處（魏廷昱）
黨外屏東聯誼會（簡明福）
新台政論雜誌社（簡明福代）
自由時代週刊社（鄭南榕）
蔡世仁服務處（鄭昭明）
藍美津服務處（陳正德）
台灣新文化雜誌社（林文欽）
台灣文藝雜誌社（李敏男）
文學界雜誌社（李敏男代）
笠詩社（李敏男代）
台美文化交流協會（蕭裕珍）
洪奇昌三重服務處（林炳煌）
政治受難者聯誼會（林樹枝）
楊雅雲服務處（楊雅雲）
台中市許榮淑服務處（莊欽安）
許榮淑、翁金珠員林服務處（劉峯松、翁金珠）
台灣基督長老教會北區聯合祈禱會（李勝雄）
許榮淑台中縣服務處（田再庭）
林正杰、蔡式淵、蔡仁堅聯合服務處（尙潔梅）
余玲雅、余政憲服務處（余政憲）
謝長廷服務處（黃馨儀）
台灣筆會（李敏男）
（共二十三個會員團體出席）

秘書長宣佈本日議程：
一、主席報告
二、秘書處報告
三、各組負責人報告：(1)活動組
(2)文宣組
(3)資料組
(4)財務組
(5)總務組
四、活動檢討
五、提案討論
六、臨時動議
七、散會
議程經出席會員無異議認可後，下午三時三十分主席宣佈會議正式開始。

圖說：一九八七年三月三日〈二二八和平日促進會活動檢討會議記錄〉，文件紀錄誤植「李敏男」，正確應為「李敏勇」。（鄭南榕基金會提供）

市化，甚至國際性。鄭南榕啟示的市民社會、自由人性格，既脫離被殖民，形塑近代市民性格，在權利與責任的雙重啟示中，帶給台灣人民教諭，也是開啟台灣人民新的文化視野。

鄭南榕曾說「我是外省人，我主張台灣獨立！」顯見對台灣形成新的國家共同體的政治信念。

鄭南榕以系列《自由時代》雜誌，在戒嚴時代透過報導、評論，開啟台灣新國家的視野。

鄭南榕推動「二二八公義和平運動」為社會的和解與共生提供歷史反思以及奠基性的努力。

鄭南榕因雜誌刊登許世楷〈台灣共和國憲法草案〉，被以叛亂犯治罪，他以身殉道，彰顯行動美學。

鄭南榕的行止，象徵台灣文化的新精神：信奉自由、和解共生、思想延伸行動。

一個新而獨立、屬於不分先來後到的台灣人新國家，在認知與行動、信仰與實踐中的形塑與建構，彰顯鄭南榕精神形貌，也是台灣文化的再造與新視野。

李敏勇
鄭南榕基金會董事，詩人、作家、翻譯家也是評論家，以文學為志業，已出版各種文類書籍近百冊，近期致力於歷史小說創作

09

#民主倒退時別忘了想想他的夢　#自由

負重前行：「好國好民（好國好人）」的當代意義

吳叡人

「我們必須證明，我們不僅是自由的，而且是無愧於自由的。」——盧梭

政治是一種志業，必須基於信念，發自信念，權力只是實現政治信念的工具，必須受信念所馴服，為信念服務。鄭南榕所獻身的信念——或者他以身相殉的「道」——是什麼呢？當然就是台灣獨立與言論自由，而這兩個信念又融合為一個單一願景「小國小民，好國好民」。這是民族主義和自由主義的結合，承繼了蔣渭水、雷震到一九七零年代民主運動的台灣政治傳統。獨立與自由，構成今日我們的立國價值，台灣人認同的核心。

鄭南榕所說的台灣獨立與言論自由，是相互為用的，因為台灣獨立是台灣人民公議自決的政治表現，而台灣人民得以經由公議而自決，則奠基在充分的言論自由之上。我們必須注意，鄭南榕追求的不只是形式上的政治獨立——那

種可單純因為地緣政治條件的變化從外部被賦予，或者由少數建國菁英透過暴力由上而下強加於人民的獨立，而是真正的、具有實質內涵的，由內而外，由下而上的台灣獨立，也就是在充分的言論自由條件下，每一個台灣人運用理性與智識，經由充分討論後做出自主決定而達成的獨立。因此所謂獨立的台灣，是每一個獨立自主的台灣公民經由自由、理性、充分討論、審議後形成共同意志所創造出來的政治共同體，而這個政治共同體在台灣公民每日持續的自主審議中獲得更新、延續與鞏固。借用明治維新啟蒙思想家福澤諭吉的名言來說，這就是「一身独立して一国独立す（一身獨立而後有一國之獨立）」，有獨立之民方有獨立之國。鄭南榕追求的，不是少數聖賢豪傑締造的台灣國，而是一個一個具有獨立自主精神的台灣人——台灣的公民全體——所共同創造的獨立自主的台灣。

鄭南榕在一九八九年逝世後台灣所經歷的整個民主化歷程都在實踐前述這個「民主建國」的願景：在這三十多年之間，我們從菁英領導（李登輝時期）階段進化到公民社會的主導，跨越幾度內部分裂與外敵入侵的艱難挑戰，終於

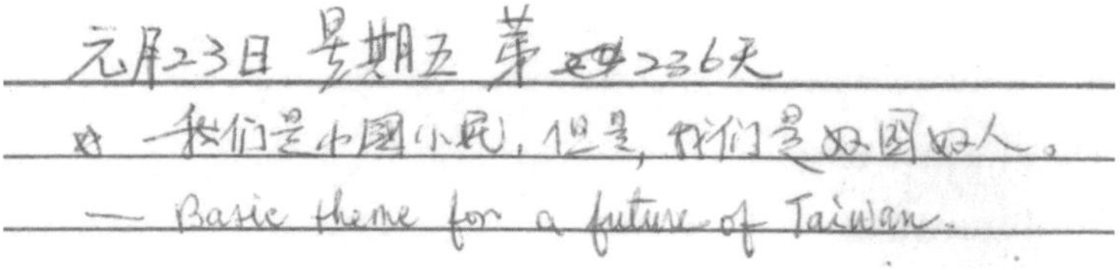
元月23日 星期五 第236天
我们是中國小民，但是，我们是好國好人。
— Basic theme for a future of Taiwan.

鄭南榕，《一九八六年獄中日記》，一九八七年一月二十三日。
（鄭南榕基金會提供）

逐步鞏固了台灣的民主和國家體制。

二零一八年以來，臺灣的民主鞏固與國家形成遭遇了一個新的時代，進入了一個新的階段，這個新時代對於言論自由與台灣獨立之間相互為用的正面關係提出了嚴厲挑戰。新而便捷的網路通訊科技不只一反期待分裂了公共領域，破壞了溝通倫理，腐蝕了社會團結，也創造了濫用自由、逃避公共責任的條件，誘發了以網路為場域的新民粹主義形式，以及以此為生的政客群。換言之，網路科技固然大幅擴張了公共發言權，但也同時揭開了哲學家盧梭所謂amour de soi（自利心）的潘朵拉盒子，解放了人曾受壓抑的利己私心乃至惡意，剝除了公共倫理與品格規範的制約，使一度令人寄予期待的台灣民主政治倒退、墮落到展演私慾權術無所不至的黑色劇場，令人嘆為觀止。

新通訊科技對民主社會公共倫理的破壞，在外來獨裁政權對台灣進行之「銳實力」認知戰推波助瀾之下，進一步被擴大、惡化。政治不再涉及實質公共政策的理性討論，而成為表演與聲量的追求與惡鬥。語言原本是政治的核心，因為政治理念必須依賴語言來形構與表述，但如今語言的表象與實質完全分離，語言應有的公共溝通功能逐漸喪失，我們在公共領域讀到、看到、聽到的，幾乎只剩下策略性操作、權謀、欺瞞、誤導、抹黑、嘲諷與胡言亂語，只剩下輕薄、惡意、犬儒主義、利益交換和赤裸裸的詐術。如此，原本作為溝通倫理的條件，作為台灣獨立礎石的言論自由異化成了放縱，墮落為妨礙溝通、破壞團結，乃至腐蝕台灣獨立的暗黑力量。

言論自由與台灣獨立的關係，在近年來經歷的此種辯證轉化與異化，當然不會讓我們因此得出了必須拋棄、限制言論自由以保護台灣獨立的結論。我們不能放棄言論自由，因為它不僅是我們立國的基本精神，是我們在受困中突破重圍，重返世界所不可或缺的正當性與軟實力，更是我們台灣人得以為人的條件。言論自由在新資訊科技與外部獨裁政權攻擊下的異化，正如同資本主義對人性的異化一般，並不會根本摧毀言論自由（與人性）的價值，而是一記警鐘，提醒我們：台灣與台灣人之獨立自主所繫的言論自由，現在受到了侵襲、弱化，我們必須警覺到這個事實，並且起而採取行動，以保護、修復受到傷害的言論自由，阻止民主的持續倒退，否則我們將會失去我們的獨立。

然而要如何修復、重建我們的言論自由，使它變得更強大，更能把台灣人團結在一起？政府在政策、法律面當然有許多該做的事情，以增強台灣民主體制防禦認知作戰與防止網路濫用自由的能力與韌性，媒體也應積極進行自律，而公民社會則應推動民主防衛與公民自省。從個別公民的角度，我們應該要重新省思言論自由是一種公共性的自由，其享有與行使受到公共倫理的制約，即使當代公共論壇的主要場域逐漸轉移到網路，也應體認在民主社會網民不是網軍或酸民，而是網路上的公民（netizen），主要審議場域或許轉移了，但公共討論、溝通的倫理規範不變——不只不變，事實上對網路公民之自律、知識、媒體識讀能力的要求更高了。最終，網路時代新的公共溝通倫理的重建，除了政府、媒體、公民社會團體的努力之外，還是需要台灣人的全面自覺與自律。網路時代，台灣公民必須進化成網路的「好民」。

這是鄭南榕「好國好民」願景實踐的全新階段，一次新的、巨大的挑戰。這個時候，或許我們都應該重新閱讀當年 Nylon 素樸美麗的夢想，重溫他為信念獻身的故事，甚至重新想像那殉道烈火的灼熱與疼痛，讓疼痛刺激我們記憶，記憶那段不自由的歲月，刺激我們醒悟，醒悟到言論自由從來不是理所當然，台灣獨立從來不是上天賦予，而是眾多的先行者以生命血淚換來的珍寶。如此我們將再也不敢濫用、惡用它；相反地，我們將會更謹慎自覺地行使這得來不易的言論自由，拚命地護衛它，同時用盡一切智慧延續、壯大它在新時代的生命力。那麼，一種獲得新生的，高度自覺到通訊科技時代之公共倫理的言論自由，將再度成為鞏固台灣獨立的礎石。

一種有責任感的，有重量的自由與獨立——這就是鄭南榕之夢的新篇章，而這個篇章才剛剛展開而已。你——台灣的公民，自由與獨立之子，你願意和

Nylon，還有和我們這些Nylon的追隨者們一起繼續負重前行，一起證明我們無愧於自由與獨立嗎？

（二零二三年十二月六日 草山）

吳叡人
中央研究院台灣史研究所副研究員。

10

與百分之百言論自由的距離

#他用一句話說明言論自由之重

#本刊文責一律由總編輯鄭南榕負責

朱家安

「開箱鄭南榕」整理珍貴的史料，讓人更完整理解威權時代臺灣言論自由受限的面貌，也更切身體會，當鄭南榕主張臺灣人應該要有「百分之百的言論自由」，這個要求有多迫切，就像被拴著時想要移動，或者被槍指著時想要存活。

言論自由是其他自由的基石

鄭南榕在〈四年辛苦不尋常：創刊四週年感言〉（一九八八）裡寫：「我們深信，所有的自由裡，第一個應該爭取的是言論自由，有了言論自由以後，才有可能保住其它的自由。」對人民來說，言論自由是其他自由的基石，對社會來說，言論自由是政府正當性的前提，若人民就算對政府不滿也無法說話，那我們就不知道政府的權力是否來自合理基礎。

鄭南榕和諸多民主前輩的汗與血，無疑讓現在的臺灣人比一九八七年的臺灣人享有更多言論自由，不過我們現在算是達到百分之百的言論自由了嗎？

現在的臺灣已經不使用公權力限制人公開表達政治意見，就算你的言論內容極端到根本是與臺灣的存在矛盾，例如支持中國併吞臺灣，你還是可以在臺灣的街頭宣揚，或者上網發表，讓全世界都看到。如同許多人指出的，這種做法其實有些諷刺：若不是臺灣是給人充分言論自由的民主國家，你也不會在臺灣社會享有這些自由，能夠用言論去進行你推翻臺灣的計畫。

當言論自由能傷害言論自由，該如何理解百分之百的言論自由？

鄭南榕對言論自由的主要關注，在於反對來自政府公權力的侵害。照〈槍口之下，我們依然爭取百分之百的言論自由〉（一九八五）裡的說法，爭取百分之百的言論自由，大致就是爭取「言論自由絕不可以用政治尺度來束縛」。這也大致符合約翰彌爾以降，對言論自由的古典理解：只有當威權動手對你進行事前審查或事後處罰，這才算是侵害你的言論自由。

不過，只有來自政府的事前審查和事後處罰，才可能威脅言論自由嗎？

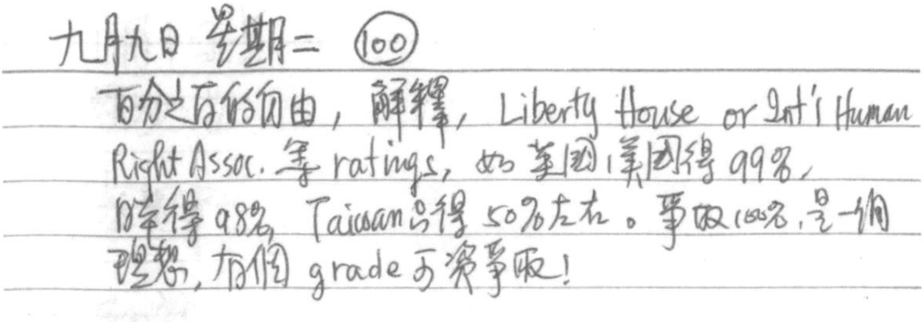
九月九日 星期二 (100)

百分之百的自由，解釋，Liberty House or Int'l Human Right Assoc. 等 ratings，如美國，美國得 99%，日本得 98%，Taiwan 只得 50% 左右。爭取 100%，是一個理想，有個 grade 可資爭取！

鄭南榕，《獄中日記》，一九八六年九月九日。（鄭南榕基金會提供）

想想看，當言論環境非常惡劣，讓你就算說了話也無法被人理解，例如說，你的發言被仇恨言論淹沒、其他人無從辨認你是真人還是政治宣傳ＡＩ，或者你在社會上蒙受哲學家弗里克（Miranda Fricker）所說的「證言的不正義」，其他人基於族群偏見不把你的意見當一回事，那於你而言，以結果來說，這跟言論受到箝制可能沒有太大差別。

在威權時代，言論自由受迫於監牢和槍口。但同樣為了控制言論，政府或「境外勢力」有沒有其他更「軟性」的手段呢？如果資訊戰、仇恨言論和公共環境惡化能讓言論自由失去意義，如果言論本身就能破壞言論自由，那怎樣才算是保有百分之百的言論自由呢？

民主先輩用汗與血換來不受「政治尺度的束縛」的言論自由，或許這並不意味著我們已經抵達自由的終點。不同時代有不同的挑戰，如同鄭南榕在先前〈四年辛苦不尋常：創刊四週年感言〉的引文之後，接續的文字：「有了言論自由以後，才有可能保住其它的自由。也就是說，爭取了百分之百的言論自由之後，我們還有其它諸多種類的自由尚待爭取。」

朱家安

致力於哲學和批判思考教育，代表作為《電玩哲學》、《哲學哲學雞蛋糕》和《画哲學》。譯有《來問問哲學家》。

11

「我主張台灣獨立」與藝術創作

#他應該會想看看這些美好的事發生 #核心價值

申請補助主動策展，讓台獨藝術成為可能

李文政

台灣的美術館、文創園區等等會有藝術展覽或陳設藝術品的地方，多是由地方縣市政府管理，哪樣的人的當上地方首長，就會孕育那樣的展覽。在這樣的結構下，處在最下層如同選美般被挑選的，是藝術家。儘管我們認為民主法治、言論自由是習以為常的生活，但冷處理及合法拒絕，無形的審查經常箝制藝術最核心的所在，並改變了藝術作品的最終樣貌。

從二零一八年開始，我和有同樣理念的一群藝術創作者創立跨界創作團體〈拚場 piànn- tiûnn〉，初期先以申請中央創作補助，及「主動策展」這兩個策略來突破。申請補助是為了要讓審查委員們知道，有一群擁有台灣意識的藝術創作者，當他們在策展時可以挑選這些人。因此〈拚場〉的創作，是當代藝

術的轉型正義。

「主動策展」則是將藝術家的位階拉高成策展人，製作、展出平時無法出現在美術館與商業展覽的作品，解決政治審查問題的同時，也整合人脈及資源，從展覽的源頭開始打造台獨一條龍。〈拚場〉的創作，做體制內的文化轉型正義。

以當代藝術介入中華殖民史觀，不讓台灣歷史埋荒

二零二二受邀參與規劃「自由紋理」展覽時，要撰寫鄭南榕生平，並與台灣歷史事件對照。鄭南榕的個人生平，有賴「鄭南榕基金會」提供了完整史料。但在撰寫台灣歷史大事記時，我發現處在中華民國殖民體系之下，只要對於中華民國不利之事，政府的史料經常避重就輕，有時甚至直接隱去，比如：「中國國民黨」與「蔣介石」的惡行。對於能建立台灣認同的部分，就更缺少完整而詳實的紀錄了。這對我們的作業造成很大阻礙，幾乎只能全部依靠專業的台灣史研究學者撰寫。

「匀境」作品計畫〈出巡〉音樂錄影帶，拍謝少年 SORRY YOUTH 樂團 ft. 三牲獻藝樂團 Sam-seng-hiàn-gē
拍攝地點：白色恐怖景美紀念園區，主角為蔡寬裕前輩，創作團隊：拚場 piànn-tiûnn
（攝影：簡子鑫，李文政提供）

我意識到，同樣沒經歷戒嚴跟白色恐怖的年輕觀眾，恐怕也無法理解美麗島、自由時代雜誌、組黨的過程、第一線抗爭者群像的意義，這些教科書沒寫入的歷史，對他們而言就只是一些名詞，一段敘述與幾張照片，自然也無法知道南榕行動的意義。顯然只有單純的閱讀已經不夠，需要透過重建台灣史觀與情境塑造，幫助觀展者理解其中意義。

重建台灣史觀依靠大事記，讓觀眾能較宏觀的觀照「同一個時代」中的「社會」與「個人」。情境塑造的部分，我則透過互動展品，嘗試讓觀眾理解「不同時代」下「自由的紋理」。比如，紅藍兩色的警察巡邏箱，現在這個打開是警察的巡邏紀錄，以前那個則是對思想犯的監控紀錄。又如，在「抗暴」警察的盾牌上，貼的是執行機關單位與下令簽署文件者的姓名。

後續，在二二八紀念國家紀念館展出的「偉大的種子」我也會延續這樣的手法，編寫大事記，提醒觀展者「蔣介石」與「中國國民黨」的加害者身分，用以重建台灣史觀；製作互動展品，讓觀眾審視個人權利與自由的變化。

文化獨立新國家

創作〈拚場〉的作品，替「自由紋理」、「偉大的種子」策展，經常是修補了自己不理解台灣的遺憾與悲傷。比如我是宜蘭羅東人，卻從未認識陳智雄（第一位為台灣獨立被槍決的烈士），沒想到他的骨灰就在廣興白蓮寺，打開塔位門板的那瞬間，看到他的照片，我親眼看到「被遺忘的台灣歷史」。

前輩的努力與犧牲，讓我可以堅定的在這裡說「我主張台灣獨立」，不用自焚、毋需坐牢、沒有被槍決的恐懼。我跟拚場創作者將持續朝著這個國度前進，「新國家運動」，讓我們繼續無畏前行，直至我們的孩子不必再說「我主張台灣獨立」。

李文政
藝術家&策展人，好日文化／藝術總監、拚場／藝術總監&主委。

民主鬥士鑒光海報，畫像為台灣建國烈士，左至右分別為鄭南榕、詹益樺、許昭榮、劉柏煙。出版單位 & 繪者：拚場 piànn-tiûnn ／ 柯淳介（李文政提供）

Part 3

大事記

大事記

四月七日是台灣言論自由日，十二月十日是世界人權日，台灣被國際人權組織「自由之家」（Freedom House）讚譽為自由民主指標國家之一，當代台灣公民對這些普世價值並不陌生。但是，台灣的民主化對民主自由與人權的保障是如何逐步達成？

以下的「大事記」從四個面向呈現台灣人權和言論自由的發展歷程。以鄭南榕個人生命史為縱，橫向連結台灣史和世界史的時代脈絡，並提出「影響台灣言論自由之重大法律、政策和事件」，從個人、台灣和全球的視角相互對照，呈現在每一階段的進程中，個人面對時局的思索和行動、威權時期台灣在國家機器統治下的龐大和荒謬、世界時勢的瞬息變化，看見台灣的人權和言論自由所受到的迫害和箝制，以及台灣人所面對的困難和衝破，所有的權利和自由得之不易，需要大家持續守護和深化，我們及台灣未來的世代才能繼續擁有和享有人權和言論自由。

一九八七年四月十八日鄭南榕於金華國中反《國安法》演講會。(潘小俠攝影)

1934

鄭南榕大事記

鄭南榕父親鄭木森自中國福州來台。

台灣記事

日本殖民統治台灣。

影響台灣言論自由之重大法律、政策和事件

國民政府在中國大陸頒布《刑法》，並於次年七月實施。其中第一百條第一項及第二項常為國民黨政府對付異議人士的依據，習稱「言論叛亂罪」。

與言論自由有關的還有《刑法》第二十七章的妨礙名譽及信用罪（包括公然侮辱、毀謗罪）。國民政府接收台灣後，本法開始在台灣施行。

《刑法》第一百條「普通內亂罪」用以箝制言論自由，許多政治犯受難，故稱為「言論叛亂罪」。直到《刑法》第一百條修改前，國民黨政權常以此作為對付黨外雜誌和異議人士的手段之一。

一九九一年《懲治叛亂條例》廢止後，仍有台獨主張者因《刑法》第一百條第二項被提起公訴。一九九二年經立法院修法，明確叛亂罪構成之要件，避免執政者任意擴張造成「言論叛亂」案件。

全球記事

1937

七月九日，國民政府發布「以黨領政」原則所修正的《出版法》，是戰後國民黨政府來到台灣進行媒體管制和言論管制的主要工具。

1939

一九三九至一九四五年，第二次世界大戰。

1942

國民政府頒布《國家總動員法》，其中第二十二條和第二十三條主要作為執政當局限制言論自由之依據。

1945

八月十五日，日本戰敗。

八月十五日，第二次世界大戰結束，根據盟軍最高統帥第一號命令，中國戰區最高統帥蔣中正派陳儀擔任台灣行政長官，於十月二十五日接收台灣。但是台灣的歸屬問題，在國際法上仍未定。國民政府在台灣的統治，是援引中華民國「國內法」，但此統治並非對台灣擁有主權。

八月十五日，第二次世界大戰結束。

中國抗日戰爭結束。

九月二日，盟軍舉行受降儀式，盟軍最高統帥發布第一號命令，其中規定在台灣的日軍向代表同盟國的國民政府投降。

1946

鄭南榕大事記

鄭南榕父親鄭木森與母親謝惠琛（台灣基隆人）結婚。

影響台灣言論自由之重大法律、政策和事件

一九四六年初，國民政府曾檢討訓政時期限制人民相關法規，但因國共衝突未能完成。其後，訓政體制箝制言論自由所殘留法令，與動員戡亂及戒嚴體制相互交織形成對言論自由的限制加劇。

在訓政時期，同樣被國民黨用來箝制身體自由、言論出版及集會結社之《國家總動員法》、《妨害國家總動員法懲罰暫行條例》，也未依照立法的本旨，在對日戰爭結束後廢除，仍存續至二零零三年底，由立法院正式決議予以廢止。

一九五二年修訂《出版法》，加強對新聞自由的限制，訓政時期的《刑法》、《違警罰法》、《電影檢查法》，仍繼續箝制言論自由。

全球記事

聯合國通過《聯合國憲章》，重申基本人權、人格尊嚴與價值，以及男女與大小各國平等權利之信念。

1947

鄭南榕大事記

九月十二日，鄭南榕出生於台北，成長於宜蘭。

台灣記事

中國國民黨軍隊在台期間，二月二十七日至五月十六日，爆發二二八事件，大規模逮捕、濫殺、槍決台灣人民，並實施全台清鄉。在二二八事件之後，許多報刊被查封停刊，成為國民黨當

全球記事

一月一日，中國的國民政府明令公布《中華民國憲法》、《憲法

局進一步整肅和打壓言論自由的開端。國民黨當局在無法源依據之下，以軍事審判槍決、判刑台灣人菁英，其中湯德章律師受難即為一例。

十二月二十五日，《中華民國憲法》實施，但一九四八年五月十日即以《動員戡亂時期臨時條款》部分凍結，一九四九年中華民國政府敗退台灣後，未再施行於中國大陸領土，有效範圍僅限於台灣地區，並遭到戒嚴令的限縮。

1948

七月十七日，公布《編印連環圖畫輔導辦法》，要求發行單位先送教育部審定後始能發行。

十二月十日，「行憲後」的中華民國政府進一步宣布「除新疆、西康、青海、臺灣、西藏外，均宣告戒嚴」。

實施之準備程序》。七月，國民政府在《中華民國憲法》公布尚未實施前，已下令動員戡亂。《中華民國憲法》至終未曾在中國本土實行。

冷戰開始，直至一九九一年結束。

中國國共內戰擴大。

在中華民國憲法施行前，中國境內國共內戰全面爆發。國民大會在一九四八年制定《動員戡亂時期臨時條款》。

鄭南榕大事記

台灣記事

影響台灣言論自由之重大法律、政策和事件

全球記事

1948

十二月十日聯合國通過《世界人權宣言》，將《聯合國憲章》中的人權保障具體化，宣言第十九至二十一條，清楚闡述「言論表達自由」、「集會結社自由」、「政治自由與國民主權」。

中華民國政府簽署聯合國《世界人權宣言》。

1949

一月，陳誠接任台灣省主席，宣布「土地改革」、四月推行「三七五減租」，透過土地改革強化國民政府統治，弱化反抗勢力。

一月，曾參與二二八抗爭運動的台灣作家楊逵於中國上海《大公報》發表〈和平宣言〉，呼籲和平解決國共內戰、釋放所有政治犯、還政於民、確切保障人民的言論、集會、結社、出

六月二十一日，中國國民黨政府實施《懲治叛亂條例》。

四月六日發生台大師大學生的「四六事件」，中國國民黨當局大逮捕和強力鎮壓，台灣進入白色恐怖時期。

五月二十四日，立法院三讀通過《懲治叛亂條例》（一九四九年六月二十一日公布施行），是中華民國來台為懲治叛亂所制定的特別刑法之一，強化觸犯內亂和外患罪之罰則，包含著名的「二條一」（凡違反該條例第二條第一項者處以死刑）及第六條、第七條，是箝制人民言論自由重要依據，更明文規定在戒嚴時期違反該法的案件一律送軍法審判。

十二月七日，中華民國中央政府下令遷台。中國國民黨主政的中華民國政府棄守中國大陸，撤退到台灣。隨國民黨政權流亡移民至台灣的大批軍民，在經濟、政治、社會各方面對台灣造成重大的影響。

十二月二十八日，代行總統職權的行政院長閻錫山依據《動員戡亂時期臨時條款》，將台灣劃入全國《戒嚴令》

版、思想、信仰等自由。〈和平宣言〉觸怒台灣省主席陳誠，於同年四月六日遭國民黨逮捕，判刑十二年。

五月十九日，台灣省主席兼台灣省警備總司令部總司令陳誠公布《戒嚴令》，宣佈台灣臨時戒嚴，於五月二十日正式生效。戒嚴期間「嚴禁聚眾集會、罷工、罷課及遊行請願等行動」、「嚴禁以文字標語，或其他方法散布謠言」，如「意圖擾亂治安」，包括「造謠惑眾者」、「聚眾暴動者」、「罷工罷市擾亂秩序者」、「鼓動學潮，公然煽惑他人犯罪者」等，被處以死刑。

台灣省政府警備總司令部相繼公布《戒嚴期間防止非法集會結社遊行請願罷工罷課罷市罷業等規定實施辦法》、《(台灣省)戒嚴時期新聞雜誌圖書管制辦法》及《台灣省戒嚴期間無線電台管制辦法》等，藉此管控民眾的言論自由，造成「人人心中的小警總」之效。

十月一日，中華人民共和國建國。

十二月七日，中華民國中央政府下令遷台。

1949

的範圍，實施接戰地域的戒嚴。這項長達三十八年的戒嚴命令，使得台灣言論自由的環境更加惡劣，此時期也是中國國民黨白色恐怖逮捕人數最多的時期。*註

註：白色恐怖時期的說法不一，一般說的是自一九四九年四月六日至一九九二年五月十六日公布修正《刑法》第一百條，終結「言論叛亂」為止。也有一說，認為從中華民國台灣省政府和台灣省警備總司令部發布《台灣省戒嚴令》，在「台灣地區」實施戒嚴開始，直到白色恐怖三大惡法，即最後一個法令《戡亂時期檢肅匪諜條例》廢除為止。

六月二十一日，中國國民黨政府實施《懲治叛亂條例》。相較於《出版法》及規範媒體言論自由的法令，從原本僅止於對傳播媒體的限制，如：查扣、停刊等，因《懲治叛亂條例》，可轉變為對個人的懲罰，其重者，可處死刑。這是戒嚴時期政府壓制異議言論最嚴厲的法律。*註

註：其源頭為國民政府一九二八年公布施行的《暫行反革命治罪法》、一九三一年《危害民國緊急治罪法》，及直接相關的於一九四七年十二月二十五日公布施行的《戡亂期間危害國家緊急治罪條例》（一九四九年三月二十一日廢止）。《戡亂期間危害國家緊急治罪條例》和《懲治叛亂條例》，同為「戡平共匪判亂」而制定。惟《懲治叛亂條例》未隨終止動員戡亂而失效。

十一月二十日，由中國大陸來台的自由主義人士創辦《自由中國》創刊，以雷震為實際負責人。是一九五零年代具指標性的雜誌，於一九六零年被迫停刊。

1950

六月十三日，中國國民黨當局於台灣實施《戡亂時期檢肅匪諜條例》。

行政院以一紙訓令，要求報紙只能日出一張半。

韓戰爆發，至一九五三年結束。韓戰改變美國的亞洲戰略，策略性支持蔣中正政權。

1951

美國國會通過《共同安全法》，是韓戰爆發之後，美國大規模提供援助的重要依據。

行政院公布《台灣省戒嚴期間軍法與司法機關受理案件劃分暫行辦法》，將內亂罪劃入軍事審判。

一月五日公布《台灣省政府保安司令部檢查取締違禁書報雜誌影劇歌曲實施辦法》與《台灣省各縣市違禁書刊檢查小組組織及檢查工作補充規定》。

十二月一日，中國人民解放軍進駐西藏拉薩。

鄭南榕大事記

1953

鄭南榕雙親到宜蘭五結的中興紙廠福利社，經營理髮和美容院。

台灣記事

影響台灣言論自由之重大法律、政策和事件

1952

三月，由立法院通過於一九四七年《出版法》修正案，至一九九一年廢止，期間經過多次修正。其中，一九五八年六月三日台灣省臨時省議會反對行政院提交立法院審議有關箝制言論與新聞自由的《出版法》修正案。

目前通說，從一九五二年到一九八八年，實施長達三十六年「報禁」（可溯及一九四七年）。國民黨政府透過戰爭期間的社會安定，以及節約用紙為由，嚴格控管媒體產業，其中以一九五零年代起實施的五項報禁措施：「限張」、「限紙」、「限證」、「限印」及「限價」。並有「禁止發行」、「查扣」，控制一九五零年代及其後的臺灣報業（含報紙與雜誌）的出版自由，從而得以有效箝制新聞自由的流通和人民言論的表達。

全球記事

鄭南榕原就讀羅東鎮公正國小，後轉學到五結鄉學進國小。

1954

外公謝海洋贈詩給小學二年級的鄭南榕。

1955

四月，行政院頒發《暫時新聞用紙節約辦法》，成為之後戒嚴時期「限張」政策的重要依據，其法源為《國家總動員法》。

八月十五日，國防部總政治部以「揭發共匪對台灣滲透分化陰謀活動」為題，把所謂「違法」言論與「叛亂罪」連結。

《自由中國》雜誌以〈為民主和自由解惑〉一文批判，該條例實施結果，將使民主和自由在台灣銷聲匿跡。

	鄭南榕大事記	台灣記事	影響台灣言論自由之重大法律、政策和事件	全球記事
1958		五月十五日，國防部裁併「臺灣防衛總司令部」、「臺北衛戍總司令部」、「臺灣省保安司令部」及「臺灣省民防司令部」四個單位，改制為「臺灣警備總司令部」。	一九五八年政府再度緊縮新聞自由，推動《出版法》修正案，「賦予主管機關逕行撤銷報刊登記的權力」，政府機關可不經司法審判，主宰報紙的內容。	
1960	以第一名考上宜蘭初中。		警備總部以「澈底肅清坊間流傳之共匪統戰書本，以防共匪思想滲透」為名，進行為期三十天的「暴雨專案」，專門取締「不良武俠小說」。	
1963	就讀台北建國高級中學，鄰近舊書和黨外雜誌匯聚的牯嶺街。			
1965	就讀成功大學工程科學系，加入成大西格瑪社。			

1966

五月十六日，中國文化大革命爆發，為期十年，至一九七六年十月六日結束。

十二月十六日，聯合國決議通過《公民與政治權利國際公約》及《經濟社會文化權利國際公約》，簡稱《兩公約》，是重要的國際人權法典化。

1967

重考至輔仁大學哲學系，初識葉菊蘭。

1968

轉學至台灣大學哲學系。

	1969	1970	1971
鄭南榕大事記	啟發鄭南榕自由主義思想的殷海光，被國民黨打壓軟禁，拿到聘書仍無法在台灣大學授課或應聘出國，最終胃癌抑鬱去世。		拒修必修科目「國父思想」，放棄台灣大學畢業證書。
台灣記事		海外台灣人結合全球各地台獨組織，成立「台灣獨立建國聯盟（WUFI）」。 四月二十四日，發生「刺蔣事件」。	十月二十五日，中華民國在聯合國的代表權被中華人民共和國取代。 十二月二十九日，台灣基督長老教會發表〈國是聲明〉。
影響台灣言論自由之重大法律、政策和事件			
全球記事			聯合國通過第二七五八號決議案。

1972

一月十日，鄭南榕在葉菊蘭家人反對下，與葉菊蘭公證結婚。

一月十日，雷震向總統蔣中正等五位國民黨政權高層提出「救亡圖存獻議」。

二月二十一日，美國總統尼克森訪問中國。

1973

一九七三至一九八零年，任職於紡織公司、貿易公司，亦曾自行創業。

新聞局頒布《歌曲出版品查禁標準》作為查禁依據。

1975

四月五日，蔣中正歿。

1976

一月八日，國民黨政府公布施行《廣播電視法》，其中第二十條為方言管制，原條文為：「電臺對國內廣播播音語言應以國語為主，方言應逐年減少；其所應占比率，由新聞局視實際需要定之」。*註

註：一九九三年七月十四日立法院刪除第二十條。同年八月二日總

聯合國《兩公約》正式生效。

鄭南榕大事記

台灣記事

影響台灣言論自由之重大法律、政策和事件

全球記事

統（82）華總（一）義字第 3757 號令公布。

1977

影響台灣言論自由之重大法律、政策和事件

新聞局頒布《行政院新聞局歌曲輔導要點》，要求歌曲提前送審。一九八七年解嚴後仍持續，至一九九一年停止。

1978

台灣記事

五月二十日，蔣經國接任中華民國第六任總統。

全球記事

美中於十二月十六日發表《中華人民共和國和美利堅合眾國關於建立外交關係的聯合公報》，隔年一月一日正式生效。

1979

台灣記事

一月一日，美國與中華民國斷交。

一月二十二日，高雄橋頭事件是台灣在戒嚴時期，第一次公開政治示威活動。

影響台灣言論自由之重大法律、政策和事件

—

全球記事

一月一日，美國與中華人民共和國建交。

四月十日，「台灣關係法」，由美國總統卡特（Jimmy Carter）簽署，並由美國國會通過。

十二月十日，高雄美麗島事件。

1980

女兒鄭竹梅出生。

十二月，為美麗島事件家屬周清玉助選（國大代表）。

二月二十八日，發生林宅血案，美麗島事件入獄政治犯林義雄母親與雙胞胎女兒遭凶殺。

五月十八日，韓國光州事件。

1981

一九八一至一九八四年，開始以自由作家身分，為《政治家》、《深耕》等黨外雜誌寫稿。

七月，陳文成命案。

1984

鄭南榕大事記

三月十二日，創辦《自由時代》週刊。創刊號刊載第一篇文章為「總編輯室報告」，〈言論自由第一優先〉。

台灣記事

十月十五日，江南（本名：劉宜良，美國公民）在美國遭國民黨當局（軍情局）派黑道竹聯幫成員暗殺。

十二月十日，台灣人權促進會成立。

影響台灣言論自由之重大法律、政策和事件

全球記事

1986

鄭南榕大事記

三月十七日，適逢創刊兩周年，在第一一一期《自由時代》提出，由「爭取百分之百的言論自由」，進而致力於「爭取百分百的解除戒嚴」，推動「五一九綠色行動」。

五月七日，響應許信良海外

台灣記事

五月十九日，鄭南榕等人所推動的「五一九綠色行動」，是台灣第一場「反戒嚴」的群眾運動。

九月二十八日，民主進步黨成立，突破黨禁。

影響台灣言論自由之重大法律、政策和事件

全球記事

菲律賓革命，馬可仕政權垮台。

組黨運動，加入「台灣民主黨」，試圖突破國民黨政府的黨禁。

六月二日，被市議員張德銘控告違反選罷法，遭警方拘提關押。

六月十六日，台北地方法院審判長沈銀和以合議庭首次審理。七月十七日依據「動員戡亂時期公職人員選舉罷免法」第九十二條宣判，判有期徒刑一年六個月、褫奪公權三年，申請交保駁回。

鄭南榕大事記

1987

一月二十四日，鄭南榕出庭受訊，台灣高等法院審判長廖茂容當庭宣判無罪釋放。

二月四日，鄭南榕與陳永興、李勝雄成立「二二八和平日促進會」，在台大校友會館召開記者會，並舉辦全國性遊行、演講。

二月十五日，第一場二二八紀念遊行在台南舉行，由鄭南榕、林宗正、黃昭凱等人帶領，遊行終點抵達湯德

台灣記事

二月二十八日為二二八事件四十週年，二二八和平日促進會集結在士林廢河道舉行紀念晚會。

三月二十七日，台灣人權促進會在台大校友會館舉行「二二八學術研討會」，主題為「二二八與國安法」。

五月十九日，「五一九綠色行動」，要求解嚴和反對《國家安全法》（簡稱《國安法》）。

七月十五日，中國國民黨當局宣佈解除戒嚴，同時實施《動員戡亂時期國家安全法》（簡稱《國安法》）。

影響台灣言論自由之重大法律、政策和事件

全球記事

章律師殉難處（今民生綠園）。

四月十八日，第二年「五一九綠色行動」，在反國安法說明會上，公開說出「我是鄭南榕，我主張台灣獨立」。

七月，第一次出國，在日本、美國與台獨聯盟成員會面，據張良澤回憶，鄭南榕在日本拜訪許世楷並取得〈臺灣共和國憲法草案〉文稿，準備帶回台灣發表。*註

1988

一月十三日，總統蔣經國過世，副總統李登輝繼任。

註：鄭南榕取得〈臺灣共和國憲法草案〉的說法很多，除上述，另有二種說法：一是許世楷用國際傳真寄給鄭南榕；又一說法，鄭南榕使用 WUFI 既有由黃昭堂撰寫的版本為基礎，再由許世楷加以添筆而成。

四月一日，南韓政府對一九八零年光州鎮壓屠殺事件謝罪。

1988

鄭南榕大事記

十一月十六日起，與黃華等人一起推動「新國家運動」。

十二月十日，於《自由時代》第二五四期刊登許世楷〈臺灣共和國憲法草案〉。

1989

鄭南榕大事記

一月二十一日，收到台灣高等法院檢察處「涉嫌叛亂」傳票。

一月二十七日，鄭南榕公開宣布，「國民黨抓不到我的人，只能抓到我的屍

台灣記事

二月十四日，內政部頒發第一號政黨證書給中國國民黨。

四月二十九日，民主進步黨向內政部申請政黨備案。至五月十二日，取得內政部領發政黨證書及圖記。民主進步黨是人民團體法通過後，完成備案手續的最大反對黨。

九月，具管制性的出入境證及「國民申請出國觀光規則」廢止。

影響台灣言論自由之重大法律、政策和事件

五月十四日，自由時代雜誌社記者江瑞添在《自由時代》週刊第二七六期，報導民進黨主席黃信介提到：四月七日應訂為「言論自由日」。

五月十九日，數萬人參與鄭南榕送殯遊行，詹益樺在總統府前自焚。

十二月二日，鄭南榕妻子葉菊蘭參與第六次增額立法委員選舉，當選並開始從政。

全球記事

三月六日，西藏抗暴，隔日中共當局宣佈西藏拉薩市戒嚴。

六月四日，中國天安門事件。

十一月九日，德國柏林圍牆倒塌。

體」，自囚於自由時代雜誌社。

四月七日，鄭南榕自囚七十一天，因警方強行拘提，於自由時代雜誌社總編輯室自焚。

九月二十六日，「反人團惡法大遊行」，抗議內政部限制並禁止以台灣為名登記社會團體。

1990

三月十六日，野百合學運。

葉菊蘭和陳定南在立法院提案，爭取訂定四月七日為「言論自由日」。鄭南榕親友自一九九零年起，於每年四月七日舉辦公開儀式紀念鄭南榕殉道。

1991

一月十八日，行政院成立「研究二二八事件小組」。

五月一日，總統李登輝公告終止動員戡亂，廢止《動員戡亂時期臨時條款》。

五月二十二日，《懲治叛亂條例》廢止。

十二月二十五日，蘇聯瓦解。冷戰宣告結束。

1991

台灣記事

五月十七日，立法院公告廢止《懲治叛亂條例》。

十二月二十八至二十九日，台美文化交流基金會、現代學術研究基金會、二二八民間研究小組合辦，蓬萊島基金會、二二八關懷聯合會和受難者家屬等支持，舉辦「二二八學術研討會」。隔年（一九九二）出版《二二八學術研討會論文集》。

1992

台灣記事

二月，行政院公布《「二二八事件」研究報告》。

五月十五日，立法院修改《刑法》第一百條。

七月七日，官方宣布取消海外黑名單返台禁令。實際上仍有黃文雄等人無法返台。

七月三十一日，中國國民黨當局裁撤警備總部。

十一月七日，金門、馬祖解除戰地政務，正式解嚴。

全球記事

八月二十四日，中華人民共和國與韓國建交。

十二月十九日，第二屆立法委員選舉，國會全面改選，終結「萬年國會」。

1995

台北市長陳水扁任內興建台北市二二八紀念碑，政府首次向二二八家屬道歉。

葉菊蘭擔任立法院內政委員會召委時期，與民進黨團推動「二二八事件處理及賠償條例」立法，排入優先審查。但是，中國國民黨當局態度消極，民進黨堅持「賠償」，國民黨僅同意「補償」，最終定為「二二八事件處理及補償條例」。

總統李登輝訪美。

緬甸國父翁山之女翁山蘇姬遭軟禁多年，首次獲釋。

中國共軍軍演，以武力威脅台灣，企圖干預台灣選舉結果。爾後，中國共產黨當局不時以軍演影響台灣的內政與外交迄今。

1996

台北市二二八紀念館成立。

台灣首次實行總統民選。

1998

立法院通過「戒嚴時期不當叛亂暨匪諜審判案件補償條例」。

	1999	2000	2004
鄭南榕大事記	四月六日，財團法人鄭南榕基金會設立。 十二月十日，世界人權日，鄭南榕紀念館落成。 基金會與紀念館位於自由時代雜誌社（鄭南榕自焚殉道）原址。		
台灣記事	綠島人權紀念碑落成。	首次政黨輪替，民主進步黨取代中國國民黨，取得中央政府執政。	二二八手牽手護台灣運動。
影響台灣言論自由之重大法律、政策和事件	一月，廢除《出版法》。		
全球記事			

2007

立法院院會三讀通過，將行政院所提「二二八事件處理及補償條例修正案」，正名為「二二八事件處理及賠償條例」，原條例條文內容的「補償」文字，全部改為「賠償」。

2008

第二次政黨輪替，由中國國民黨取得中央政府執政。

發起野草莓運動，是為反對國民黨與中國共產黨的「江陳會」（江丙坤和陳雲林），抗議中國陳雲林來台與馬英九會談。陳雲林來台期間，中國國民黨政府禁止國旗出現，馬英九不以元首身分自稱，引發一連串辱國格的爭議。

2009

四月七日，第七屆立法院民主進步黨黨團舉行記者會，提案訂四月七日為言論自由日，紀念鄭南榕。

	2012	2013	2014	2015
鄭南榕大事記				
台灣記事			三一八太陽花運動。	
影響台灣言論自由之重大法律、政策和事件	台南市長賴清德將四月七日制定為「台南市言論自由日」。 四月五日，第八屆立法院民進黨黨團在鄭南榕紀念館召開「寧鳴而死，不默而生：立法推動言論自由日」記者會，紀念鄭南榕在一九八九年衝撞政府箝制言論自由，並間接促成《刑法》第一百條修正。	四月二日，宜蘭縣宣佈四月七日為該縣言論自由日。 四月二日，高雄市宣佈 四月七日為該市言論自由日。		四月七日，民主進步黨黨主席蔡英文於金寶山鄭南榕追思會上，提出將四月七日訂為國定言論自由日。 台北市訂定「言論自由日」。
全球記事				

台中市宣佈四月七日為該市言論自由日。

屏東縣宣佈四月七日為該縣言論自由日。

2016

第三次政黨輪替，由民主進步黨取得中央政府執政。

鄭南榕基金會主張將四月七日訂為國定「言論自由日」。

十二月，蔡英文總統任內，行政院長林全核定四月七日為國定言論自由日。

行政院及內政部發函部會和縣市政府，訂定四月七日言論自由日，盼促使我國民主再深化。

2017

四月七日，國定「言論自由日」元年。

2019

「反滲透法」三讀通過。

香港反送中運動。

中國爆發武漢肺炎。

年份	鄭南榕大事記	台灣記事	影響台灣言論自由之重大法律、政策和事件	全球記事
2020				全球爆發武漢肺炎疫情。
2021		武漢肺炎三級警戒。		緬甸軍事政變。
2022				俄羅斯侵略烏克蘭。
2023		解除武漢肺炎三級警戒。		以巴衝突。
2024		一月十三日，台灣順利完成第十六屆總統選舉和立法委員選舉。 五月，公民團體發起「青鳥行動」，反對立法院以「國會改革」之名濫權擴權。		共軍持續以軍演，威脅台灣。

製表：財團法人鄭南榕基金會、好日文化
專家審閱：薛化元、許文堂
更新時間：2024 年 11 月 23 日

參考資料：

- 《自由的靈魂 vs. 獨裁者：臺灣言論自由之路》，臺北：國家人權博物館， 2022。
- 《自由時代》系列週刊第 1 期～第 302 期，1984 年 3 月 12 日～ 1989 年 11 月 11 日。
- 《與 100% 的距離：臺灣言論自由之進程 1945 ～ 2020》，臺北：國家人權委員會，2022。
- 《戰後臺灣民主運動史料彙編》新聞自由 (一) ～ (二)、言論自由 (一) ～ (四)，臺北：國史館，2004。
- 鄭南榕基金會出版，《剩下就是你們的事了：行動思想家鄭南榕》，臺北：書林，2013。
- 薛化元、楊秀菁、黃仁姿合著，《臺灣言論自由的過去與現在：我國言論自由發展及制度變革》，臺北：允晨文化，2021。
- 國家人權博物館和財團法人鄭南榕基金會合作【鄭南榕全宗史料數位化檔案】。

＊資訊如有不周或需修正之處，尚祈見諒，並請告知本會 services@nylon.org.tw。

《自由紋理：探索在地 Nylon 足跡》展覽現場

策展：李文政（「拚場」藝術總監）

攝影：翁佳安（鄭南榕基金會提供）

展出時間｜2022/11/26（六）- 2022/12/18（日）

展出地點｜田園城市生活風格書店 B1 藝文空間

台灣人四百年史
史明

剩下就是你們的事了。

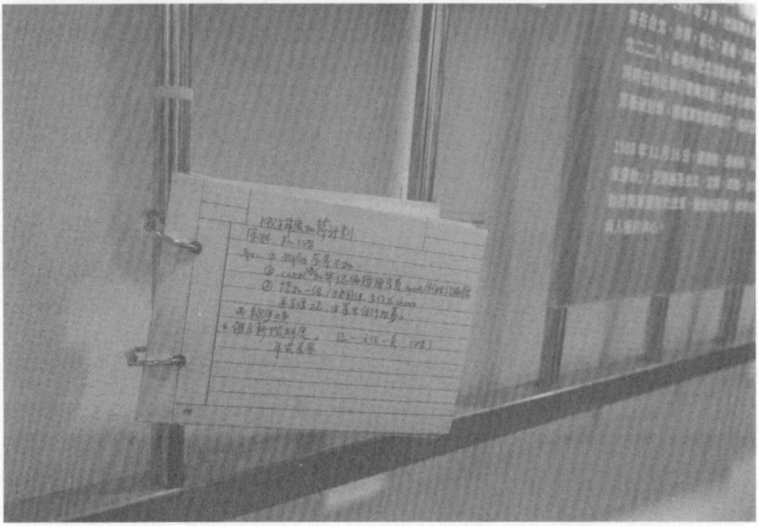

INTE[illegible] SECRETARIAT
1 Eas[illegible] Street, London [illegible] X 8D
United Kingdom

FACSIMILE COVER SHEET

To: Freedom [illegible] Republic of [illegible]

From: Fran[illegible]

Fax No.: 010 886 2 [illegible]

Date: 27 January [illegible]

TOTAL NUMBER OF PAGES INCLUDING THIS COVER SHEET: [illegible]

If you do not receive all of the pages, [illegible] they are not [illegible] please call us as soon as possible on 01-[illegible] 5102.

COMMENTS/MESSAGE

[illegible] that Chung Nan-jung received a summons to appear [illegible] 9.30am, [illegible] [illegible] of Taiwan High Court on 27 January [illegible]

[illegible] us know if he [illegible] to the prosecutor's [illegible] [illegible]quently detained [illegible]

[illegible] us, it would [illegible] that [illegible] [illegible]ormation [illegible] of conscie[illegible] [illegible] [illegible]lined, be[illegible] ent pol[illegible] [illegible]ssion [illegible] mediate [illegible] [illegible] would [illegible]

國際特赦組織（Amnesty International，AI）
來信關心鄭南榕

鄭南榕於一九八八年十二月十日世界人權日發行《自由時代》系列週刊第二五四期，刊載許世楷〈台灣共和國憲法草案〉。台灣高等法院檢察處於一九八九年一月二十日發出「涉嫌判亂」傳票，傳喚鄭南榕一月二十七日上午九點三十分出庭。鄭南榕認為中國國民黨政府濫用公權力，拒絕接受指控。國內外人權和新聞專業團體表達高度關切，其中，國際特赦組織（Amnesty International，AI）也來信關心，鄭南榕以手寫傳真回覆，表達他行使抵抗權，進行和平非暴力抗爭的決心。
（鄭南榕基金會提供）

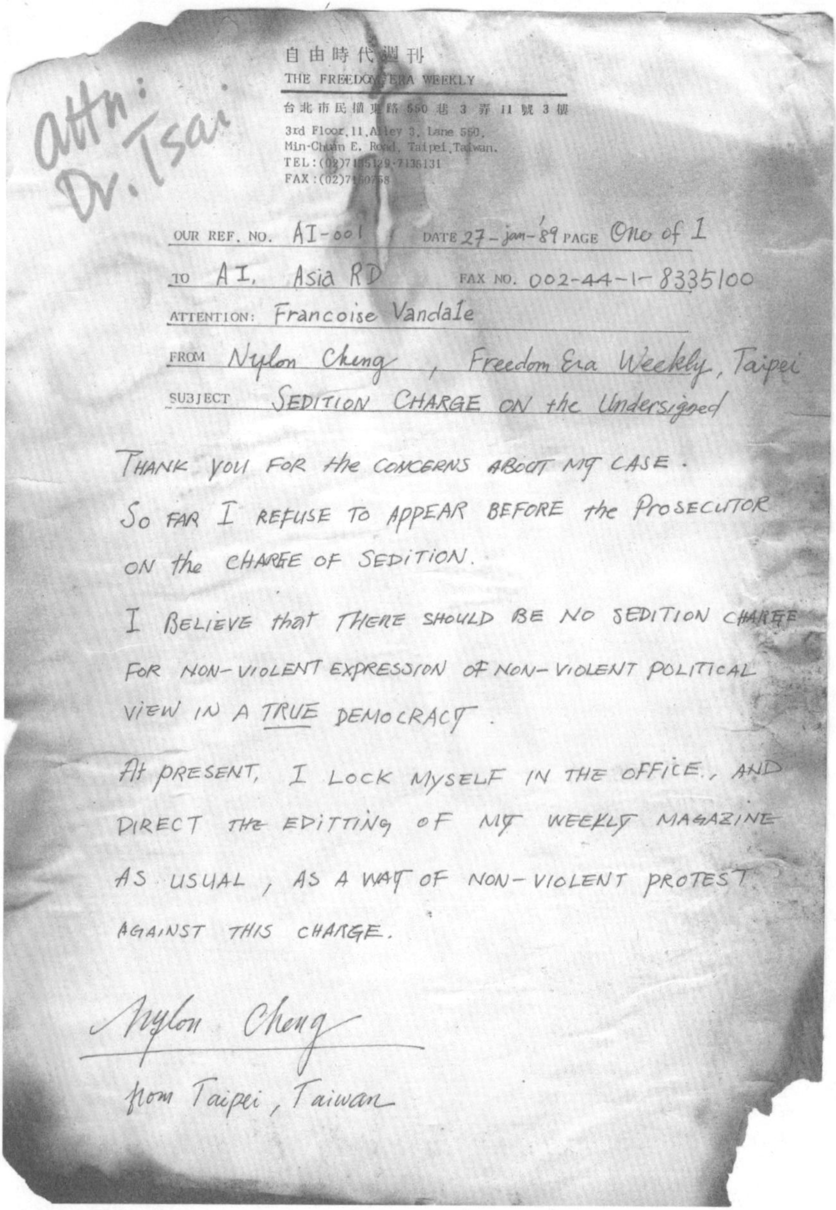

Attn: Dr. Tsai

自由時代週刊
THE FREEDOM ERA WEEKLY
台北市民權東路550巷3弄11號3樓
3rd Floor,11,Alley 3, Lane 560,
Min-Chuan E. Road, Taipei,Taiwan.
TEL:(02)7135129·7136131
FAX:(02)7150758

OUR REF. NO. AI-001 DATE 27-Jan-'89 PAGE One of 1

TO AI, Asia RD FAX NO. 002-44-1-8335100

ATTENTION: Francoise Vandale

FROM Nylon Cheng, Freedom Era Weekly, Taipei

SUBJECT SEDITION CHARGE ON the Undersigned

THANK YOU FOR the CONCERNS ABOUT MY CASE.

So FAR I REFUSE TO APPEAR BEFORE the PROSECUTOR ON the CHARGE OF SEDITION.

I BELIEVE that THERE SHOULD BE NO SEDITION CHARGE FOR NON-VIOLENT EXPRESSION OF NON-VIOLENT POLITICAL VIEW IN A TRUE DEMOCRACY.

At PRESENT, I LOCK MYSELF IN THE OFFICE, AND DIRECT THE EDITTING OF MY WEEKLY MAGAZINE AS USUAL, AS A WAY OF NON-VIOLENT PROTEST AGAINST THIS CHARGE.

Nylon Cheng

from Taipei, Taiwan

一九八九年鄭南榕自囚期間回覆國際特赦組織總部 (AI) 信函。（鄭南榕基金會提供）

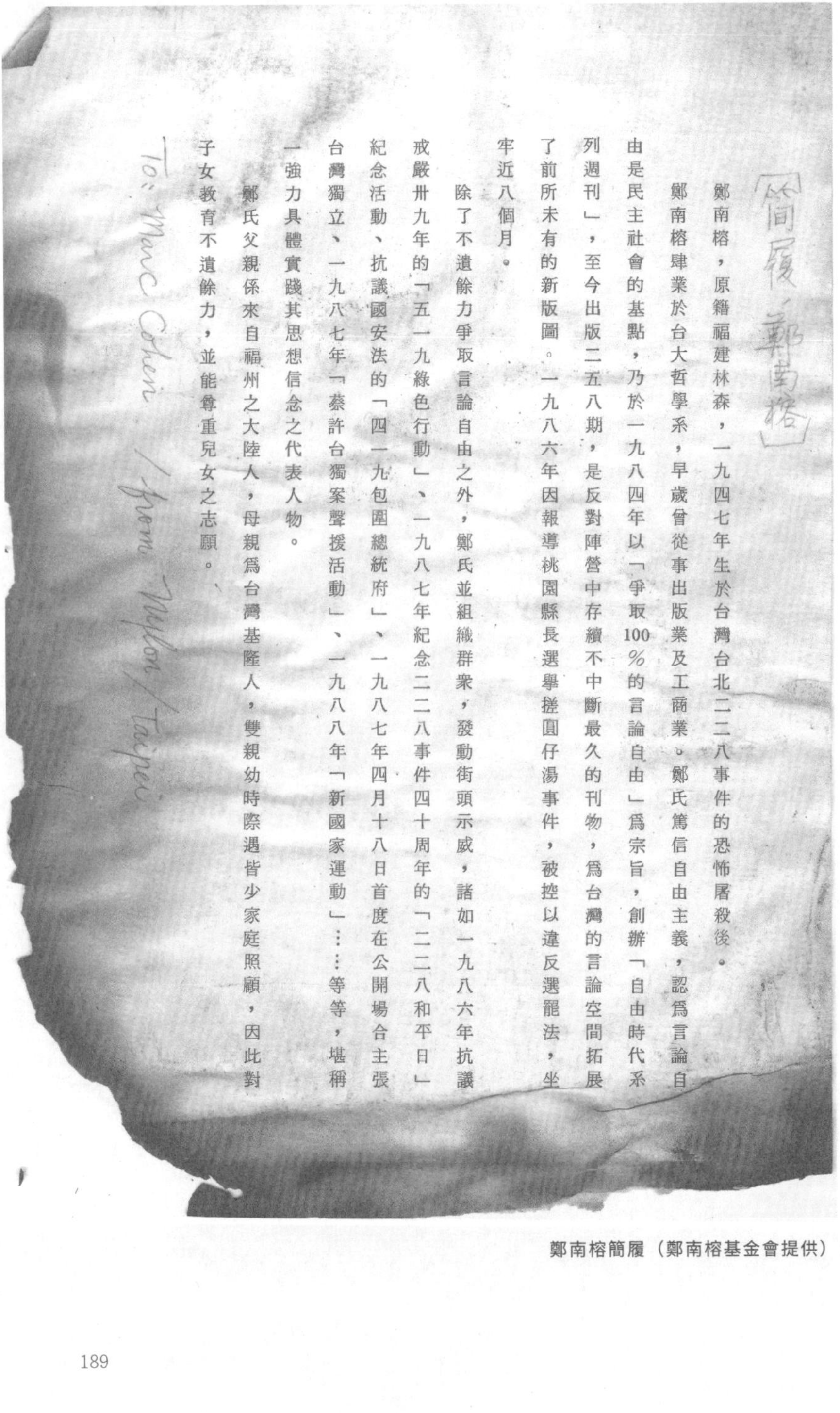

簡履／鄭南榕

鄭南榕，原籍福建林森，一九四七年生於台灣台北二二八事件的恐怖屠殺後。

鄭南榕肄業於台大哲學系，早歲曾從事出版業及工商業。鄭氏篤信自由主義，認爲言論自由是民主社會的基點，乃於一九八四年以「爭取100%的言論自由」爲宗旨，創辦「自由時代系列週刊」，至今出版二五八期，是反對陣營中存續不中斷最久的刊物，爲台灣的言論空間拓展了前所未有的新版圖。一九八六年因報導桃園縣長選舉搓圓仔湯事件，被控以違反選罷法，坐牢近八個月。

除了不遺餘力爭取言論自由之外，鄭氏並組織群衆，發動街頭示威，諸如一九八六年抗議戒嚴卅九年的「五一九綠色行動」、一九八七年紀念二二八事件四十周年的「二二八和平日」紀念活動、抗議國安法的「四一九包圍總統府」、一九八七年四月十八日首度在公開場合主張台灣獨立、一九八七年「蔡許台獨案聲援活動」、一九八八年「新國家運動」……等等，堪稱一強力具體實踐其思想信念之代表人物。

鄭氏父親係來自福州之大陸人，母親爲台灣基隆人，雙親幼時際遇皆少家庭照顧，因此對子女教育不遺餘力，並能尊重兒女之志願。

To: Marc Cohen / from Nylon / Taipei

鄭南榕簡履（鄭南榕基金會提供）

鄭南榕自由時代週刊所用名片，名片上有鄭南榕手寫字「新聞無畏，消息無偏」。（鄭南榕基金會提供）

示見 29

認識鄭南榕：看見《自由時代》總編輯的十一個面向

策　　畫　財團法人鄭南榕基金會
作　　者　王韶君　朱家安　吳叡人　李文政　李敏勇　林瓊華　曹欽榮
　　　　　陳俊宏　陳夏民　鄭任汶　薛化元　鄭南榕基金會
諮　　詢　薛化元　許文堂

攝影師及圖像提供
宋隆泉　張芳聞　潘小俠　曹欽榮　簡子鑫　李文政　翁佳安　鄭南榕家屬

本書所採用的部分圖片，係財團法人鄭南榕基金會與國家人權博物館合作史料數位化之成果，誠摯感謝。

總 編 輯　陳夏民
封面設計　小子
內頁排版　陳昭淵

出　　版　逗點文創結社
　　　　　地址｜桃園市 330 中央街 11 巷 4-1 號
　　　　　網站｜www.commabooks.com.tw
　　　　　電話｜03-335-9366
　　　　　傳真｜03-335-9303

總 經 銷　知己圖書股份有限公司
地　　址　台北公司｜台北市 106 大安區辛亥路一段 30 號 9 樓
　　　　　電話｜02-2367-2044
　　　　　傳真｜02-2363-5741
　　　　　台中公司｜台中市 407 工業區 30 路 1 號
　　　　　電話｜04-2359-5819
　　　　　傳真｜04-2359-5493

製　　版　軒承彩色印刷製版有限公司
印　　刷　通南彩色印刷有限公司
裝　　訂　智盛裝訂股份有限公司
倉　　儲　書林出版有限公司

電子書／有聲書總經銷　聯合線上股份有限公司

ISBN　978-626-7606-12-4

初版　2025 年 3 月 1 日
定價　新台幣 420 元

國家圖書館出版品預行編目 (CIP) 資料

認識鄭南榕：看見《自由時代》總編輯的十一個面向 / 鄭南榕基金會等著
__初版__桃園市：逗點文創結社
2025.3_192 面 _14.8× 21cm　(示見 29)

ISBN 978-626-7606-12-4(平裝)
1.CST: 鄭南榕 2.CST: 傳記
783.3886　　　　114000063